Foreign Studi

国外马克思

顾问 徐崇温　　　主编 李愭明

国家出版基金项目
NATIONAL PUBLICATION FOUNDATION
重庆市出版专项资金资助项目

西方马克思主义探讨

〔英〕佩里·安德森 著 张秀琴 译

重庆出版集团 重庆出版社

图书在版编目（CIP）数据

西方马克思主义探讨 /（英）佩里·安德森著;张秀琴译. —重庆：重庆出版社，2023.4

（国外马克思主义和社会主义研究丛书）

ISBN 978-7-229-18065-2

Ⅰ.①西… Ⅱ.①佩… ②张… Ⅲ.①西方马克思主义—研究 Ⅳ.①B089.1

中国国家版本馆CIP数据核字（2023）第 194623 号

CONSIDERATIONS ON WESTERN MARXISM (NEW EDITION)

By Perry Anderson

Copyright © Perry Anderson

This edition arranged with VERSO BOOKS through Big Apple Agency, Inc., Labuan, Malaysia.

Simplified Chinese edition copyright © 2023 Chongqing Publishing House Co., Ltd.

版贸核渝字（2022）第 021 号

西方马克思主义探讨

XIFANG MAKESI ZHUYI TANTAO

〔英〕佩里·安德森 著 张秀琴 译

责任编辑：秦 琥
责任校对：李春燕
装帧设计：刘沂鑫

 重庆出版集团
重庆出版社 出版

重庆市南岸区南滨路162号1幢 邮政编码:400061 http://www.cqph.com

重庆出版社艺术设计有限公司制版

重庆天旭印务有限责任公司印刷

重庆出版集团图书发行有限公司发行

E-MAIL:fxchu@cqph.com 邮购电话:023-61520646

全国新华书店经销

开本:700mm×980mm 1/16 印张:10.75 字数:140千
2023年4月第1版 2023年4月第1次印刷
ISBN 978-7-229-18065-2

定价:49.80元

如有印装质量问题,请向本集团图书发行有限公司调换:023-61520678

"国外马克思主义和社会主义研究丛书"
编委会名单

在学习借鉴中发展 21 世纪马克思主义和
当代中国马克思主义

李慎明[*]

习近平总书记在哲学社会科学工作座谈会上的重要讲话中明确指出："我国哲学社会科学的一项重要任务就是继续推进马克思主义中国化、时代化、大众化，继续发展 21 世纪马克思主义、当代中国马克思主义。"[①] 这一要求，对于我们在新的历史起点上坚持和发展马克思主义，具有重大的现实意义和深远的历史意义。

为深入贯彻落实习近平总书记重要讲话精神，在中宣部理论局指导下，中国社会科学院世界社会主义研究中心会同重庆出版集团选编了这套"国外马克思主义和社会主义研究丛书"。经过众多专家学者和相关人员的辛勤努力，终于开始呈现在广大读者的面前。

进一步加强国外马克思主义研究，是坚持以马克思主义为指导、坚持和发展中国特色社会主义的需要。2013 年 1 月 5 日，习近平总书记在新进中央委员会的委员、候补委员学习贯彻党的十八大精神研讨班开班式上的重要讲话中明确指出："中国特色社会主义是社会

---

*李慎明，十二届全国人大常委、内务司法委员会副主任委员，中国社会科学院原副院长，中国社会科学院世界社会主义研究中心主任、研究员。

①《人民日报》，2016 年 5 月 18 日。

主义而不是其他什么主义，科学社会主义基本原则不能丢，丢了就不是社会主义。"① 在哲学社会科学工作座谈会上的重要讲话中，他又强调指出："坚持以马克思主义为指导，是当代中国哲学社会科学区别于其他哲学社会科学的根本标志，必须旗帜鲜明加以坚持。"② 2008 年国际金融危机对西方国家的影响和冲击至今仍未见底，这是生产社会化直至生产全球化与生产资料私人占有这一根本矛盾的总爆发，本质上是资本主义经济、制度和价值观的危机。经济全球化、新的高科技革命和世界多极化都在深入发展，各种政治理论思潮此起彼伏。马克思主义的"幽灵"重新徘徊在发达的资本主义社会上空。全球范围内的马克思主义和左翼思潮也开始复兴。中国特色社会主义已巍然屹立于当今世界之林。在强大的事实面前，即便是一些西方学者，也不得不承认马克思主义的强大生命力和对西方社会的重要影响力。西方国家的一些马克思主义研究者或信仰者说得更为深刻。日本著名作家内田树呼唤道："读马克思吧！""读过马克思之后，你会感觉到你自己思考的框子（或者说牢笼也可以）从外面被摇晃着，牢笼的墙壁上开始出现裂痕，铁栅栏也开始松动，于是你自己就会领悟到原来自己的思想是被关在一个牢笼当中啊。"③ 这些都充分说明，马克思主义的基本原理和科学社会主义的基本原则绝没有过时。对这些基本原理和基本原则，我们在任何时候和任何情况下都必须毫不动摇地坚持。正因如此，习近平总书记多次强调我们党要坚持以马克思主义为指导，哲学社会科学研究工作要以马克思主义为指导，强调全党特别是党的中高级干部要认真学习马克

① 《十八大以来重要文献选编（上）》，中央文献出版社，2014 年 9 月第 1 版，第 109 页。

② 《人民日报》，2016 年 5 月 18 日。

③ 〔日〕内田树、石川康宏：《青年们，读马克思吧！》，于永妍、王伟译，红旗出版社，2013 年 10 月第 1 版，第 26 页。

思主义的经典著作，强调哲学社会科学工作者要认真学习马克思主义的经典著作。进一步加强国外马克思主义研究，积极借鉴国外有益经验和思想成果，无疑有助于我们在新的形势下更好地理解马克思主义的基本原理和科学社会主义的基本原则，以更好地坚持以马克思主义为指导，推进中国特色社会主义事业健康发展。

进一步加强国外马克思主义研究，是发展21世纪马克思主义、当代中国马克思主义的需要。中国是个大国。不仅是世界上最大的发展中国家，而且是世界上最大的社会主义国家；经济规模是世界第二；人口是世界人口的1/5。而且，中国有着马克思主义中国化的丰硕成果以及5000多年的优秀文化传统。新中国成立至今，特别是冷战结束至今，无论是国际还是国内实践，都为我们坚持和发展马克思主义提供了正反两方面十分丰厚的沃壤。当今世界正在发生十分重大而深刻的变化，当代中国正在进行着人类历史上最为宏大而独特的实践创新，也面临着许多可以预料和难以预料的新情况新问题。习近平总书记指出："这种前无古人的伟大实践，必将给理论创造、学术繁荣提供强大动力和广阔空间。这是一个需要理论而且一定能够产生理论的时代，这是一个需要思想而且一定能够产生思想的时代。我们不能辜负了这个时代。"[①] 我们在坚持马克思主义基本原理的同时，决不能固守已有的现成结论和观点，必须结合当今的世情、国情、党情和民情，以与时俱进、奋发有为的姿态，解放思想、实事求是，坚持真理、修正错误，创新和发展21世纪的马克思主义和当代中国的马克思主义。

进一步加强国外马克思主义研究，是更加积极借鉴国外马克思主义研究有益成果的需要。改革开放以来，我国马克思主义研究步入了新的发展阶段。译介、研究和借鉴国外的马克思主义研究著作，

---

①《人民日报》，2016年5月18日。

成为马克思主义研究一个不可或缺的组成部分。20世纪70年代末，我国的国外马克思主义研究进入一个新的阶段，西方各种思潮包括"西方马克思主义"也一并进入中国，引起了学术界的关注。随着东欧剧变和苏联解体，20世纪90年代初期我国对国外马克思主义的研究曾一度收缩。随着改革开放的深入，90年代后期又开始逐步扩大，到21世纪头10年又进入了新的高速发展时期。作为深入实施马克思主义理论研究和建设工程的重要内容，2005年12月，我国设立了马克思主义理论一级学科，国外马克思主义研究成为其中一个重要的二级学科。应该说，经过近40年的发展，我国国外马克思主义研究取得了长足的进步，结出了丰硕的成果，为增强马克思主义的影响力和说服力注入了新的内容，同时也为增强人们对中国特色社会主义的道路自信、理论自信、制度自信、文化自信，提供了有价值的理论资源。但同时也要清醒地看到，我国国外马克思主义研究所取得的成果，与它理应承担的使命、任务相比还存在不小差距。虽然国外马克思主义研究的前沿流派和代表人物不断被引介过来，一些比较新奇的观点也令人有眼花缭乱之感，但总体上看，国外马克思主义研究并不尽如人意，一些问题也越来越突出。比如，在表面的繁荣之下，有的被研究对象牵着鼻子走，失去了曾经清晰的目标；有的陷入至今仍未摆脱的迷茫和瓶颈期。又比如，在国外马克思主义研究过程中，有的缺乏辩证思维，把"西方马克思主义"奉为圭臬，认为它富有"新思维"，是马克思主义的新发展；有的甚至把列宁、斯大林时期的马克思主义和中国的马克思主义看作是"走形变样"的政治话语，是"停滞、僵化的马克思主义"。国内外也有一些人企图用黑格尔来否定马克思，用马克思来否定列宁，用否定列宁来否定中国的革命、建设和改革开放，进而企图把中国的社会主义现代化建设和改革开放引入歧途。

虽然造成上述状况的原因是多方面的，但翻译性学术著作和资料的数量有待进一步拓展、质量有待进一步提升，也是其中的重要原因。总的看，目前国外马克思主义研究著作虽已有许多被译成中文出版，但整体上并不系统，而且质量参差不齐。

从借鉴国外马克思主义研究有益成果，发展 21 世纪马克思主义、当代中国马克思主义这一宗旨出发，在新的条件下继续翻译出版"国外马克思主义和社会主义研究丛书"，必将有助于我国学界更加深入、系统地研究国外马克思主义。这套丛书的出版，可以说是对国外马克思主义研究成果的一次重新整理，必将有利于我们进一步深化国外马克思主义研究，在借鉴国外马克思主义研究的有益资源过程中，为繁荣发展 21 世纪马克思主义、当代中国马克思主义作出新的贡献。

经过比较严格的遴选程序进入这套丛书的著作，主要聚焦和立足马克思主义理论研究，既注重立场性、代表性、权威性和学术性的统一，又兼顾时代感和现实感。同时，我们还邀请国内相关领域的知名专家分别为每本著作撰写简评并放在各本著作的前面，对该书的核心思想和主要内容作了简要介绍和评析，以尽可能帮助读者了解这些作品的理论价值、现实意义和历史局限。

这里特别需要指出的是，由于我们的能力、水平有限，这篇总序和每一本书的简评，或许还存在这样那样的不足，敬请各位读者不吝指教。不妥之处，我们将及时修正。

我们希望，这套丛书既能够在理论界、学术界，同时又能够在广大党员干部中产生一定影响，以期不断加深人们对马克思主义和社会主义的理解、把握和认同。

是为序。

2016 年 12 月 1 日

《西方马克思主义探讨》中文版简评

乔瑞金[*]

摆在读者面前的这部《西方马克思主义探讨》（*Considerations on Western Marxism*），是第一部冠以"西方马克思主义"的著作，作者是英国新马克思主义者佩里·安德森（Perry Anderson），成书于1974年，1976年由英国新左派书局（New Left Books）出版，1981年出版了第一个中文译本。《西方马克思主义探讨》出版7年之后，佩里·安德森又出版了其续篇《历史唯物主义的轨迹》（*In the Tracks of Historical Materialism*）[①]，这两本著作被誉为介绍和研究西方马克思主义的经典之作。

一、创作目的

佩里·安德森是英国1960年代成长起来的一位马克思主义知识分子，他精通六种语言，发表过十数部专著，涉及历史学、社会学、

---

[*] 乔瑞金，教授，博士生导师，山西大学马克思主义哲学研究所所长。
[①] 本书中译本1989年由东方出版社出版，名为《当代西方马克思主义》（余文烈译）。

政治学、哲学和文学等诸多领域，而且在每一领域都不乏独到之见，英国著名文学评论家特里·伊格尔顿赞誉他为"英国最杰出和最博学的马克思主义知识分子"。《纽约书评》（*New York Review of Books*）认为安德森取得了"令人敬畏的知识分子成就"；《伦敦书评》（*London Review of Books*）认为他在欧洲公共知识分子生活中享有盛誉；《泰晤士报文学增刊》（*Times Literary Supplement*）评价他是这个时代最杰出的政治、历史和文学评论家之一。

安德森1938年出生于英国伦敦，1950年就读于英国伊顿公学。1956年进入牛津大学伍斯特学院（Worcester College）。1962年，当英国老一代新左派退出《新左派评论》（*New Left Review*）时，年仅24岁的安德森担任杂志主编。1983年，他把主编位置传给他的长期合作者罗宾·布莱克本（Robin Blackburn），随后转到加州大学洛杉矶分校历史与社会学系任教。2000年，安德森重新执掌《新左派评论》。安德森出色的编辑工作使这份杂志在1970年代中期成为英美新左派的重要理论刊物，产生了广泛国际影响。安德森还主持和创办了新左派书局（后更名为Verso，即左翼出版社），组织出版了大量马克思主义方面的图书。

安德森的著作和文章颇丰，从英国史到欧洲史，从经典马克思主义到西方马克思主义，从现代性到后现代性，不胜枚举。就其史学著作而言，《从古代到封建主义的过渡》（*Passages from Antiquity to Feudalism*, 1974）和《绝对主义国家的系谱》（*Lineages of the Absolutist State*, 1974）一经出版，便赢得西方学术界的高度评价和普遍赞誉。塔里克·艾里称它们是"马克思主义的杰作"；D.G.麦克雷称它们是历史社会学的一个"重大贡献"。近代史专家艾里克·霍布斯鲍姆评价它们是十分杰出的、具有权威性和透彻性的学术成就。安德森于1960年代发表了一系列有关英国历史、社会、政治和文化的文章，如《当代危机的起源》（Origins of the Present Crisis, 1964）、《社会主义和伪经验主义》（Socialism and Pseudo-Empiricism, 1966）、《国民文化的构成》（Components of the National Culture, 1968）等，产生了广泛影响。他在《现代性与革命》（*Modernity and Revolution*, 1984）和《后现代性的起源》（*The Origins of Postmodernity*, 1998）中对现代主义和后现代主义进行了广泛而深入的探讨，给出了独特理解和阐释，把它们看作是社会经济、政治和文化三种并列因素综合作用的结果。同样值得注意的是，《交锋地带》（*Zone of Engagement*, 1992）和《思想的谱系：西方思潮左与右》（*Spectrum: From Right to Left in the World of Ideas*, 2005）两本论文集先后出版，标志着安德森与当代思想界之间的一次机智而尖锐的交锋。

《西方马克思主义探讨》这部书，原本并不是计划写给世界人民的，起初确定的读者群体只是英国人，尤其是那些在英国愿意研究和信奉马克思主义的人。作者原来打算写成一部向英国人介绍欧洲马克思主义理论家的一本论文集，但这个计划后来取消了，读者现在看到的只是为那本未完成的书写的导论。全书除前言外，正文由五章组成：

第一章对经典马克思主义的形成过程、主要思想和学术传统作了宏观概述，包括马克思和恩格斯创立唯物史观的社会背景、过程和意义。其后，对第二国际和第三国际马克思主义的代表人物及其思想作了概览，尤其是充分肯定了列宁在马克思主义发展过程中的作用和思想价值，分析了20世纪上半叶国际政治、经济和社会变化的状况，为讨论西方马克思主义作了必要的铺垫。

第二章讨论了西方马克思主义的产生过程、代表人物、地域分布、主要观点和整体发展的基本状况。

第三章以"形态转换"为题，以批判精神和理性分析，集中讨论了西方马克思主义学术思想的特点和存在的主要问题。

第四章以"主题创新"为题，结合西方马克思主义各个代表人物的基本思想，高度凝练了他们在马克思主义发展史上所做的创造性工作，尤其是他们提出的重大主题及其内涵，展现其理论意义和突出贡献。

第五章在比较经典马克思主义，第二、第三国际马克思主义和西方马克思主义的基础上，面对变化了的国际政治、经济和文化形势，深入思考和讨论了马克思主义的历史使命和发展问题，对全书作了系统全面总结。

总体而言，安德森用一种大写意式的粗犷笔法，粗略勾勒了20世纪上半叶欧洲大陆马克思主义的思想和文化，把具有种种倾向和内在差异的马克思主义流派和人物，置于统一的"西方马克思主义"学术传统之下，对其总体特征进行了广泛的论述和评价，为国内外学术界和思想界提供了一部研究西方马克思主义的经典文本。中国旅英学者林春在《英国新左派》（*The British New Left*）一书中高度评价道："安德森对于'西方马克思主义'的总结可与雷蒙德·威廉斯的《文化与社会》一书的成就相媲美。"

佩里·安德森之所以想把欧洲大陆的马克思主义引进英国，是有多方面原因的，认清这些原因，是深入阅读本书的起点。按照他的说法，这些原因至少可以概括为如下三点：

首先，也是首要的主题之一，发展英国的马克思主义。安德森认为，英国文化明显缺乏当代"西方马克思主义"传统。因此，英国新马克思主义者们利用《新左派评论》这个阵地，积极引进、介绍和消化吸收欧洲大陆马克思主义研究的积极成果，出版和讨论德国、法国、意大利等国最杰出的西方马克思主义理论家的著作和思想，致力于弥补英国文化的这种不足。此项工作从1960年代就开始了，借此马克思主义在英国得到广泛传播。

其次，提升英国马克思主义的战斗力。安德森认为，不管西方马克思主义在其最初的发展区域中命运如何，近年来已见到发轫于德国、法国和意大利的西方马克思主义在资本主义世界的新区域中得到广泛传播，特别是在盎格鲁–萨克逊和北欧国家中。这种扩散的结果是难以预见的。在英美国家，一直没有产生过任何重要的马克思主义理论体系。面对当今变化了的世界形势，如果马克思主义不能在英国这个拥有世界上最古老的工人阶级的国土上，在美国这个拥有世界上最富有的帝国主义阶级的国土上占据统治地位，马克思主义就不能同20世纪下半期资本主义文明所面临的全部问题较量。如果马克思主义不能在盎格鲁–萨克逊世界成熟的帝国主义堡垒中站稳脚跟，它就不可能解决资本主义向社会主义提出的挑战。

第三，推进马克思主义的理论发展，深化历史唯物主义的科学内涵。安德森认为，自1920年代以后，在欧洲大陆，尤其是在德国、法国和意大利，产生了大量马克思主义学派和理论家，从卢卡奇到葛兰西，从萨特到阿尔都塞，从马尔库塞到德拉·沃尔佩，这是在俄国十月革命后发展起来的马克思主义的新的形态结构，已经产生了十分广泛的影响。尽管这些学派和理论家内部存在种种分歧和对立，仍然构成一种具有共同学术传统的理论。由于这些理论都产生于西方，因此，可以用"西方马克思主义"一词来概括它，以便在对其多样性进行有鉴别的分析的基础上，对其一致性进行历史总结，而这样的总结对于左派来说是必要的和有益的。通过对这些理论家的思想与这些思想出现以前的马克思主义早年发展进行比较，看到他们所代表的那种类型的马克思主义的特殊新颖之处，看到马克思主义的发展。

二、思想批判

"西方马克思主义"是1920年代之后在欧洲大陆国家所产生的一种新的马克思主义研究思潮，是第一次世界大战后欧洲资本主义先进地区无产阶级革命失败的产物，是在社会主义理论与工人阶级实践之间愈益分离的情况下发展起来的。它对马克思的思想和马克思主义作出了一种既不同于恩格斯和列宁等人的解释，也不同于第二国际和苏联理论家的解释，在理论渊源上坚持了黑格尔主义、人道主义、结构主义和存在主义等西方哲学思潮，在学术方法上坚持了辩证的、否定的和批判的思维方式。总体上，这一思潮对世界上不同国家和不同地区的马克思主义思想研究，产生了深远影响。

安德森在介绍和探讨西方马克思主义的过程中，以唯物史观的基本立场为指导，在大量阅读西方马克思主义代表人物著作的基础上，以一种批判的眼光展开他的思考和分析，并不是一味地肯定和赞扬，这为我们正确开展国外马克思主义研究树立了一个好的样板。事实上，本书是在对经典马克思主义的发生和发展过程论述的基础上，从批判性地分析西方马克思主义的根本性错误和不足展开的，值得我们高度重视，其主要观点可概括如下：

首先，西方马克思主义完全颠倒了经典马克思主义的研究路径，从而使其思想离开了历史唯物主义的核心理念。

在安德森看来，20世纪初，"在这个改变了的世界上，革命的理论完全起了变化，这种变化产生了今天可以称为'西方马克思主义'的理论"。西方马克思主义有意闭口不谈那些历史唯物主义经典传统最核心的领域：对作为一种生产方式的资本主义经济运行规律的考察，对资产阶级国家的政治机器以及推翻资产阶级国家所必需的阶级斗争策略的分析。西方马克思主义完全颠倒了经典马克思主义的研究路径，越来越不把经济或政治结构作为理论关注的中心问题，它的整个重心从根本上转向了哲学。不是从哲学转向政治学然后又转向经济学，而是从政治学和经济学转回到哲学，放弃了直接涉及成熟马克思所极为关切的问题，因而西方马克思主义既没有提供有关资本主义经济的科学而透彻的分析，也没有发展出推翻资产阶级国家政治的有关理论，更没有走向有关社会主义策略的讨论。

其次，西方马克思主义作为一个共同传统，其最为突出的一个单一特征是接续存在不同类型的欧洲唯心主义并对西方马克思主义持续产生影响。

安德森认为，在几乎所有西方马克思主义代表人物身上，都可以找到他们与欧洲唯心主义的关系，这种同非马克思主义文化的一整套关联，使他们致力于建构一种追溯至马克思之前的哲学世系去合法化、解释或补充马克思本人的哲学。西方马克思主义所有主要的理论体系在这方面都揭示出了同样的自发机制，即求助于前马克思哲学，被迫返回前马克思时代去寻找一种先在的观点来解释马克思著述本身的意义。安德森强调，尽管这样做有利于深化对马克思哲学传统的认识，但长期求助于前马克思的哲学传统所带来的危险也是不容忽视的，它们之中包含大量众所周知的唯心主义或者宗教主题。这就会给马克思主义带来巨大危害。

第三，割裂马克思和恩格斯的学术思想，危害了对马克思主义的统一理解。

安德森认为，西方马克思主义肇始于对恩格斯的哲学遗产发起的决定性双重批驳。这种批驳是由科尔施和卢卡奇分别在《马克思主义与哲学》和《历史与阶级意识》两书中进行的。从那时起，实际上所有西方马克思主义思潮——从萨特到科莱蒂，从阿尔都塞到马尔库塞——都共同表达了对于恩格斯晚期著述的厌恶之情。然而，一旦恩格斯的贡献被认为不值一提，那么马克思本人思想遗产的局限性就比以前更加明显了，对它加以补充也就显得愈发迫切了。为此目的而在欧洲思想范围内诉诸更早时期的马克思以前的哲学权威，在某种意义上，可以被视为一种理论退却。马克思本人宣布同其思想前辈决裂，认为以前的哲学家们只是用不同的方式解释世界，而问题在于改变世界。在安德森看来，马克思的这一思想却在西方马克思主义内部反响甚微，这决不是偶然的。因此，决不能把马克思和恩格斯的思想割裂开来。

第四，西方马克思主义使用晦涩的语言表达思想，揭示了一种悲观主义倾向。

安德森认为，西方马克思主义的思想被包裹在一种古怪的、密码式的语言中，西方马克思主义理论佶屈聱牙，形形色色，总体陷入悲观主义的泥潭无法自拔：卢卡奇的语言繁琐难解，充满学究气；葛兰西则因多年牢狱之苦而形成令人费解的支离破碎的深奥文风；本雅明爱用简短而迂回的格言式文体；德拉·沃尔佩的句法令人捉摸不透，并喜欢反复自我引证；萨特的修辞犹如炼金术士般的新奇词语迷宫；阿尔都塞的用词则充满女巫式的遁词秘语。不管西方马克思主义在其他方面多么互不一致，但有一个基本的共同标记：一种潜在的悲观主义。谈方法是因为无能，论艺术为自我安慰，悲观主义因为沉寂无为；所有这一切都不难在西方马克思主义的著作中找到。所有这些都与马克思主义革命的乐观主义不同。

第五，也是最重要的，西方马克思主义在本质上把理论与实践分离开来，尤其是它在结构上与政治实践相脱离。

安德森认为，西方马克思主义首要的和最根本的特点，就是它在结构上与政治实践相脱离。第一次世界大战以前的一代经典马克思主义者实现了理论与实践的有机统一，他们在各自所属的东欧和中欧政党内，承担起了政客-知识分子双重功能，但从1918年到1968年这半个世纪里，理论与实践之间的统一日益被割裂开来。第一次世界大战以后，马克思主义在新的世代和新的地域背景下，理论与实践的割裂并不是立即或自发发生的。它是由巨大的历史压力缓慢且逐步引发的，到1930年代理论与实践之间才切断了最后一丝联系。到第二次世界大战以后的新世代，理论与实践之间的距离变得如此之大，以至于似乎已经构成西方马克思主义传统本身的一部分。西方马克思主义是一战后欧洲资本主义先进地区无产阶级革命失败的产物，是在社会主义理论和工人阶级实践之间日益分离的情况下发展起来的。他们既不满资本主义的统治，也看不到变革资本主义的希望。尽管他们对资本主义进行了毫不妥协的意识形态批判，但这一"批判的武器"并没有带来"武器的批判"。

三、理论意义

安德森尽管从唯物史观的视角对西方马克思主义作出了尖锐批判，但对其理论贡献和意义也给予了充分肯定，为我们研究西方马克思主义提供了一些重要线索和引导。

首先，展扬了马克思主义的批判精神。

安德森认为，与经典马克思主义相比，尽管西方马克思主义在研究主题和研究形式上发生了极大的转变，但有一点却是与经典马克思主义内在一致的，那就是毫不妥协的批判精神。西方马克思主义继承和发展了马克思的批判精神，尤其是法兰克福学派高举马克思的批判旗帜，深入到科学技术、日常生活、通俗文化、社会心理等领域，对资本主义社会中物欲奴役人、机器操纵人的现象进行了深刻的批判，创立了一种系统的"社会批判理论"。

其次，深化了马克思主义对上层建筑领域的认识，为发展马克思主义思想文化提供了新的启示。

安德森认为，相比经典马克思主义而言，西方马克思主义对于马克思和马克思主义作出了一种完全不同的解释，形成了一种多元的视角和多样的理解，诸如黑格尔主义的马克思主义、人道主义的马克思主义、结构主义的马克思主义、存在主义的马克思主义等诸多流派。这一多元性和多样性告诉我们，马克思主义思想和理论的发展不是平面的而是立体的，不是单调的而是多彩的，从而进一步丰富和发展了马克思主义思想文化。西方马克思主义在文化和意识形态的上层建筑领域获得了许多新的认识，如葛兰西的文化领导权理论，马尔库塞有关人性的分析，阿尔都塞关于意识形态的理论，萨特有关匮乏的讨论，这些都构成了西方马克思主义的主题创新。尤其是西方马克思主义的文化研究转向，丰富了马克思主义的思想内涵，使之同各种现代思想潮流相关联，在各种领域争夺话语权，具有突出的方法论意义。

第三，为马克思主义的本土化和地域化特色提供了一种多样性参照。

安德森认为，英美马克思主义和欧陆马克思主义是源自不同地区和不同国家的马克思主义的思想文化体系。从安德森对于西方马克思主义的总体评价可以看出，源于欧洲大陆地区和国家的马克思主义思想文化的理论创新，为英国本土的马克思主义思想研究，提供了一种重要的理论和方法论参照。

第四，西方马克思主义关于人与自然、人与社会关系的思想具有特别重要的价值。

安德森认为，主要由法兰克福学派发展起来的有关人与自然关系的看法，大大开拓了马克思主义的视界，并带来一系列新的认识，包括人们将重新思考什么是自然的解放，工业生产和技术对于人的作用和意义，人对自然支配的后果，资本主义制度的危害性，人的异化等，这些思想是对马克思主义的新的发展。

第五，学术思想的广泛性体现了马克思主义的创新性和包容性。

安德森认为，西方马克思主义传统内每一个独特的体系，都带有多元决定的印记——根源于每个体系所处时代以及历史上不同视角和水平的社会和思想结构，以界定西方马克思主义传统自身之基本历史事态为参量，产生了广泛的理论异质性。这些因素是历史唯物主义经典所没有的，具有明显的独创性。这些新概念或新主题的出现，为评判作为一种传统的西方马克思主义的性质和活力，提供了最具批判性的标准。

除了这里指出的几点以外，安德森还在诸多方面肯定了西方马克思主义思想的积极意义，例如关于文化领导权的思想、意识形态理论、主体理论、美学批评思想；关于国家、阶级、民主、民族、官僚制度的思想；以及关于资本主义和社会主义的思想。这些，是我们在研读本书的时候，都应该密切关注的。

四、发展意识

《西方马克思主义探讨》以及安德森的其他一些重要著作和论文，充分展示了安德森对经典马克思主义的坚守，安德森因而被誉为马克思主义的"理智的守门人"；与此同时，他也特别注重马克思主义在新时代的发展，把马克思主义的发展看作马克思主义是否能够战胜一切腐朽思想的根本，以及社会主义最终能否战胜资本主义的法宝。安德森在本书中系统阐述了经典马克思主义的核心理念，对经典马克思主义、第二国际的改良主义的马克思主义、列宁主义、斯大林主义、西方马克思主义作了全方位的比较分析，高度评价马克思恩格斯所开创的历史唯物主义的科学性和革命性价值，高度评价列宁主义的意义，深入批判了第二国际的改良主义的马克思主义的错误，同时也批判性地肯定了西方马克思主义。在安德森看来，结合马克思主义的历史和现实，我们有理由相信，马克思主义新的发展前景已经变得开阔起来。

安德森认为，马克思主义在现时代的发展，必须回答历史唯物主义在今天所遇到的主要挑战，这些挑战包括了十多个方面的内容：作为一种国家制度，已成为发达资本主义权力规范模式的资产阶级民主，其真正的性质和结构是什么？哪一种革命战略能够推翻这种如此不同于沙皇俄国的历史国家形式？在西方，什么样的社会主义民主制度形式可以超越这种资产阶级民主制度？在一个被阶级划分的世界，作为一个社会单位，民族的意义和位置何在？特别是，作为过去两个世纪的一种自然力群众现象，民族主义的复杂机制何在？作为一种生产方式，当代资本主义的运动规律是什么，它们有新的特殊危机形式吗？作为一种国际经济政治统治体系，帝国主义的真实结构是什么？从落后国家的社会主义革命中产生的官僚国家的基本特征和动力是什么？无产阶级民主在俄国革命后已被摧毁，接着又怎么会在从一开始就没有无产阶级民主传统的中国和其他地方发动革命？这一进程的明确界限又是什么？不难看出，安德森提出的这些问题，对于今天的马克思主义来说，尽管一些提法和认识是错误的，却是相当尖锐的。读者在阅读本书的过程中，应该带着这些问题，进行批判性的研究和思考。

安德森特别强调了马克思主义的现实运用，强调理论与革命运动的结合，对此，他特别批评了西方马克思主义者远离革命实践的思想和做法，同时也特别赞扬马克思和列宁把革命理论与革命实践结合起来的伟大意义。同时，安德森也提出了马克思主义与现实革命实践结合的"五条件"思想，即正确的革命理论只有同真正的群众性的和真正的革命运动的实践密切地联系起来，才能最终形成；革命的理论工作可以在相对孤立的条件下开展，但理论只有同工人阶级自身的集体斗争相结合，才能获得正确的和最终的形式；必须与无产阶级的实践活动紧密相连；仅在小的革命团体中有战斗精神也是不够的，必须与真正的群众相结合；与群众运动相结合也还是不够的，因为后者有可能是改良主义的，唯有群众本身是革命的，理论才能完成其卓越的使命。

安德森对于形成革命的理论以及革命理论与实践在新时代的结合充满信心，认为尽管在二战以后资本主义世界还从来没有出现过这样的情况，然而，重新出现这些条件的前景终于变得开阔起来。

五、结语

《西方马克思主义探讨》一经出版，就引发了巨大的社会关注和反响，来自世界各地的赞誉声不绝于耳。这是人们没有想到的，甚至连作者自己也没有想到。总体来看，这部书为研究西方马克思主义理论思潮提供了一种整体视角，对英国马克思主义者的理论创造和学术思考，对整个世界的马克思主义传播和研究，甚至对世界无产阶级的革命运动都产生了广泛影响，在社会主义革命意义上，也对在全球化时代马克思主义面对新形势如何认识世界和改造世界起到了启迪作用，这是值得肯定的。

我们知道，西方马克思主义产生于1920年代的欧洲大陆，流派纷呈，人物众多，彼此之间也多有争论，但影响有限，流传范围甚小。安德森把西方马克思主义视为一种共同的学术传统，对其产生、发展、主张、流派和人物等的一致性特征进行了总体概括和评价，而没有着眼于对西方马克思主义的具体理论流派和代表人物的优缺点进行比较评价，从而不仅把一个活脱脱的西方马克思主义展现在世人眼前，显示了马克思主义的生命力和解释力，使人们看到了马克思主义在新形势下的创新和发展，而且也为我们整体上研究西方马克思主义奠定了理解和思考的思想基础，拓宽了马克思主义的理论和研究视域。在此意义上讲，安德森不仅增进了英国马克思主义文化与欧陆马克思主义文化的有益交流和对话，而且从整体上推进了马克思主义的发展。

安德森在分析和研究西方马克思主义的过程中，着力把握它的核心思想、理论意义和存在的主要问题，我们在如上所作的总结和概括，充分说明了这一点。不难看出，这一工作的难度其实是很大的，但安德森基本上做到了三个方面的统一，即理论产生背景分析与内容叙述的统一，坚持马克思主义经典思想与批判地总结西方马克思主义成果的统一，马克思主义作为整体对于认识世界与改造世界的统一，从而不仅展示了马克思主义对资本主义批判、追求人的自由和解放的一脉相承的传统和革命精神，而且用发展的眼光勾勒出马克思主义的艰难历程和实践意义，尤其是指出了马克思主义在全球化时代的历史使命和发展的可能方向。

然而，《西方马克思主义探讨》这部书，也有瑕疵甚至错误，这是需要引起特别关注的。其主要问题可简要分析如下：

首先，尽管安德森一再强调，他在坚持马克思和恩格斯所创立的历史唯物主义并把它运用于对西方马克思主义的分析和研究，他却认为，马克思从未对历史唯物主义本身作过扩展的一般性论述，这对于同时代人来说是一个更为明显的缺漏。这完全是一个错误的论断。诚如所知，马克思恩格斯早在《德意志意识形态》和《共产党宣言》中就大体上形成了历史唯物主义的核心思想和基本理念，并初步作了论证，在《政治经济学批判》《资本论》和马克思晚年写的大量著作中，更是作了深入和全面的阐述和概括。因此，安德森的论断显然是站不住脚的。

其次，安德森认为，马克思给我们留下了严谨而成熟的关于资本主义生产方式的经济理论，这在《资本论》中已经得到了阐述，却没有留下可比拟的有关资产阶级国家结构的政治理论，或有关工人阶级政党为推翻资产阶级国家而进行社会主义革命的战略、战术的政治理论。这一论断，同样是错误的。且不说《资本论》不能仅仅被视为经济理论，这是大家公认的。事实上，马克思和恩格斯的大量著作和文章，对资本主义国家结构进行了深入研究和分析，《资本论》正是这一方面的代表作。再如《哲学的贫困》《共产党宣言》《法兰西内战》《路易·波拿巴的雾月十八日》《哥达纲领批判》《反杜林论》《社会主义从空想走向科学》等著作，都充分讨论和阐述了这一问题，表达了一系列重要思想。

第三，尽管安德森从多方面对西方马克思主义作了批评，有些甚至是根本性的马克思主义立场上的批评，但整体上还是给予西方马克思主义过高的甚至是不切实际的评价。这一点，读者在阅读和研究过程中，需仔细甄别。

另外，安德森认为，在斯大林统治的顶峰时期，马克思主义在俄国差不多已沦为一种纪念品，马克思本人在身后没有留下经典意义上的系统的哲学著作，经典马克思主义把对自然的驾驭看作"自由王国"的标志，西方马克思主义完全脱离工人阶级运动和革命实践等表述，并不很准确，有些是错误的或武断的。限于篇幅，我们在此就不一一分析了。

总之，《西方马克思主义探讨》是从整体上分析和理解西方马克思主义的最早尝试。希望这篇导读，对于读者诸君能有所助益。

内容提要

1920 年代早期，在西方无产阶级革命遭遇失败，在东方俄国革命遭遇孤立，本书旨在考察此一时期开始在西欧出现的马克思主义理论的本质及其演化。本书主要聚焦于卢卡奇、科尔施和葛兰西，阿多尔诺、马尔库塞和本雅明，萨特和阿尔都塞，德拉·沃尔佩和科莱蒂，以及其他 1920 年至 1975 年间的西方马克思主义代表人物的著述。这些思想家的理论产出同时与工人阶级斗争的实践命运和他们所处时代的资产阶级思想的文化演变有关。本书比较了这一传统中的不同流派——卢卡奇派、葛兰西派、法兰克福学派、萨特派、阿尔都塞派和德拉·沃尔佩派——的哲学前因，考察了它们各自体系的独到创新之处，然后超越西方马克思主义思想家个体之间的差异性，对其结构统一性进行了评估，将西方马克思主义的遗产与之前的"经典"马克思主义传统，以及之后任何历史唯物主义都将面对的重大问题进行了对比。

目　录

英文第四版前言

　　关于这本小册子的写作初衷和性质，有必要作几句说明。1974年初着笔时，原打算将其写成导论性文字，以介绍若干篇不同作者撰写的关于新近欧洲马克思主义理论家的论文。不巧的是，答应出版这个"读本"的教育出版社在作出承诺的一个月后就关门了，出版计划亦因此被迫取消，本书原来的打算也随之落空。这一变故可用来说明本书行文中为什么会存在某些异常，虽然不能以此作为请求谅解的借口。在此得以出版的本书，关注的是作为一种共同学术传统的"西方马克思主义"的广义坐标，它并不包含对其内部任何具体理论体系进行的专门探讨或比较评价。后者属于专门研究的范畴，本书可以说是这一研究的序言。专门研究旨在对西方马克思主义传统的主要学派或理论家（从卢卡奇到葛兰西，从萨特到阿尔都塞，从马尔库塞到德拉·沃尔佩）进行系统的批判性研究，而本书则聚焦于俄国十月革命后在西方发展起来的马克思主义的一般形态结构，因此不会详细论及西方马克思主义主要代表人物的各自理论贡献或特点。当然，事实上他们的理论贡献或特点不是等价的或者同一的。所以，当我们试图对西方马克思主义的整体一致性进行历史总结时，也不妨碍对其内部成就的多样性予以区别对待。虽然在本书中讨论这些问题是不可能的，但这种探讨对西方"左派"来说却是十分必要和有益的。

　　写作本书，并得以在今天出版，除却机缘巧合之外，其实还源于更多长期以来的思量：它是对我多年来在一家社会主义期刊——《新左派评论》——工作过程中遇到的一些问题作出的反思。在1960年代晚期为该杂志写的一篇论文中，我曾试图界定并分析第一次世界大战以来的英国国民文化的特殊构型。[1]其中的一个首要主题是：这一时期，英国文化严重缺乏任何一种"西方马克思主义"传统——一种明显消极的缺席。《新左派评论》在这一时期的大部分工作，在某种意义上，正是有意识地致力于弥补这一叙事缺陷：在英国经常开创性地出版和讨论德国、法国和意大利最杰出的西方马克思主义理论家的著作。这项计划有条不紊地进行到1970年代初才告结束。自然而然地，需要对《新左派评论》通过有组织的努力所获得的成果进行一番总结。本书所考虑的主题就是在这一背景下开始逐步形成的。因此，本书接下来将要开展的对于来自欧洲"大陆"的传统的论述，在一定程度上就是早期对英国"岛国"范式所作探讨的续篇。英国曾经错过的西方马克思主义遗产本身缺失了历史唯物主义的某些经典特征，这种缺失对西方马克思主义来说是一种损失。本书正是对这一认识日益清醒的产物。在评论这一时期马克思主义的民族形态和国际命运时，必须作出更为公正的判断，这是不言而喻的。

就像之前那样，由于重新燃起了《新左派评论》杂志的一个核心关切，在先前拟定的"读本"取消出版之后不久，业界同仁在《新左派评论》杂志上就对本书的文本从宽阔视角进行了讨论并提出了批评。在为准备正式出版本书而进行的修改过程中，我尽量考虑了这些反馈和批评意见。我也对一些我认为可作某些局部改动以符合其论点的地方作了修订，并对其后的发展情况作了注解。[2]其他文本内容，也都尽量在其内在逻辑形式许可的范围内作了修改。然而，本书最初构思时所强调的某些重点，现如今看来是有问题的，但不可能在文本上马上得到解决。书稿虽经多次修改，这些疑虑也并未完全得到消除，因此我把它们写进了后记，对于任何探究历史唯物主义未来的努力而言，它们都是有待回答的问题。

最初的文稿完成 10 年之后，需要作一些内容的增补。本打算作为一篇导论的合集文章后来被作为一个单行本出版，这就是 1977 年由新左派书局出版的《西方马克思主义：批判性读本》（*Western Marxism—A Critical Reader*），1983 年由左翼出版社再版。那个对思想家个体进行详细研究的本子，集中体现了本书所要尝试的概览研究指南和参考标准。关于葛兰西霸权理论的一篇文章，本来已准备纳入本书，以作为文本的一个更加个性化的坠饰，发表在《新左派评论》第 100 期（1976 年 11 月—1977 年 1 月），题目为《安东尼·葛兰西的二律背反》（The Antinomies of Antonio Gramsci）。这都是对《西方马克思主义探讨》的直接补充。

在本书结尾之处的具体反思之一，是期待和希望马克思主义历史和哲学将不再被分隔，而是在一种共同的社会主义文化中汇合，在这里，它们既彼此挑战对方，又互相激励。这种碰撞的第一个主要场合就是随后一本书的主题，这本书就是《英国马克思主义的内部论争》（*Arguments within English Marxism*, 1980），该书考察了爱德华·汤姆森（Edward Thompson）的集成之作以及他对阿尔都塞思想进行的有意义的批判。关于马克思主义在西方自 1970 年代中期以来的更为宽泛的发展范式，我已尝试在《历史唯物主义的轨迹》（1983 年出版的一个演讲稿合集）中论及——这一研究不完全是《西方马克思主义探讨》的续篇，因其所关注的焦点还包括与历史唯物主义产生竞争或对抗关系的当下诸思潮，以及马克思主义本身的命运问题。但它又的确发端于早期著述所作出的系列预测，并继而考察了随后 10 年间现实的学术和政治史是如何看待它们的。我早年间提出的许多理论预言都应验了，也有一些显然落空了。《历史唯物主义的轨迹》讨论了我之前没有预测到的变革方向和原因，并对《西方马克思主义探讨》中对某些思想家或传统所作的特定论断进行了大量批判。读者若是对我当前对这一领域的看法感兴趣，那就把《历史唯物主义的轨迹》看作《西方马克思主义探讨》的续篇吧，或者加上《英国马克思主义的内部论争》也行，这三项研究可以视为偶成的三部曲。

1984年10月

注释：

　[1] 参见拙文《国民文化的构成》（Components of the National Culture, in *New Left Review*, 50, July-August 1968），其中某些内容，今天看来应作修改。

　[2] 本书中凡方括号里的注解是指本书写成以后出现的内容或事件。

正确的革命理论只有同真正群众性的和真正革命的运动的实践密切地联系起来，才能最终形成。

——列宁

大众或与大众脾气相投的人请不要读我的书。我反而宁愿他们对于此书完全置之不理。这犹胜于他们随意曲解这本书。

——斯宾诺莎

第一章　经典传统

　　马克思主义自一百多年前诞生以来的历史，尚待书写。马克思主义的发展，历时虽然并不长，却无疑是复杂和变动不居的。关于其接续变化和迁移的原因及形式，仍有待进一步广泛探讨。囿于本书拟探讨的主题"西方马克思主义"（这个术语本身并不指代精确的空间或时间），这本小册子旨在确定特定群体的理论工作在历史上所处的位置，并提出可界定其统一性的结构关系坐标。换言之，本书要把"西方马克思主义"构建成一种具有共同学术传统的理论，虽然其内部依然存在种种分歧和对立。这就需要首先涉足本书论及的理论家出现之前的马克思主义的早年发展，因为只有这样我们才能发现这些理论家所呈现的范式的新颖之处。当然，要对历史唯物主义的全部早期史实作出恰当的说明，则必须进行比本书更加详尽得多的论述，这对于本书来说是不可能完成的任务。然而，即使是对此作一个追溯性的概述，也会有助于随后更加清晰地聚焦主题。

　　历史唯物主义的创始人马克思和恩格斯，生于拿破仑战争以后的头10年。马克思（1818—1883）是特里尔一名律师的儿子，恩格斯（1820—1895）是巴门市一名工厂主的儿子，两人原籍都是莱茵省，都出身于德国最发达的西部地区的富裕资产阶级家庭。他们的生活和工作已经在公众记忆里打下烙印，在这里毋庸赘述。众所周知，在工业革命后的第一次无产阶级斗争高潮的强烈吸引下，二十多岁的马克思逐步清理了自己与黑格尔和费尔巴哈的哲学遗产以及与蒲鲁东的政治理论的关系；而恩格斯则发现了英国工人阶级状况的现实并痛斥了视这种状况为合理合法的古典经济学；他们二人在1848年欧洲革命前夕写就了《共产党宣言》，同年，为了社会主义革命事业而与国际极左翼队伍并肩战斗；三十多岁时，他们被得逞的欧洲反革命势力到处追捕而被迫流亡到英国；此后，马克思总结了结束于第二帝国时期的法国革命的历史得失，而恩格斯则总结了同时期发生的德国革命失败的历史教训；处于极度贫苦之中的马克思，凭借恩格斯从曼彻斯特提供的精神和物质支援，独自在伦敦从事论述整个资本主义生产方式的不朽理论工作；经过15年的艰辛努力，《资本论》第一卷得以正式出版，此时的马克思还不满50岁；此间，马克思还参加了第一国际的筹建工作，并把它作为社会主义运动组织而倾注了大量心血，且参与了第一国际的实际领导工作；马克思参与了纪念巴黎公社革命的活动，为新近统一起来的德国工人政党提供指导，并为将来的无产阶级国家确定总的原则；在马克思一生的最后岁月中以及在马克思逝世以后，恩格斯则对历史唯物主义作出了第一次系统阐述，使之成为欧洲所熟悉的政治力量；七十多岁时，恩格斯主导建立了第二国际，历史唯物主义成为欧洲大陆各主要工人阶级政党的官方学说。

休戚与共的马克思和恩格斯所取得的巨大成就，并非我们在这里的直接关切。就我们的目的而言，强调马克思和恩格斯理论工作中的那些可以在日后发展中作为比较标准的特定社会特征就足够了。与其同时代的人相比而言，马克思和恩格斯是孤独的先驱者，与他们同时代的人，无论来自哪个国家，都不能说完全理解或同意他们的成熟观点。同时，他们的著作是长期共同努力的产物，这种学术上的合作关系在迄今为止的思想史上是空前的。他们两人一起，在流亡、贫困和艰苦的环境中与他们同时代的主要无产阶级斗争从未脱离过联系，尽管在十多年的时间内他们同这些斗争实际上完全没有组织上的关系。马克思和恩格斯的思想同工人阶级演变之间的深刻历史联系，在1850年以后的艰苦岁月中得到了最好的证实：那时他们两人显然已被迫转入了"与世隔绝的"生活，在恩格斯提供的经常性物质帮助下，马克思利用这一时期为写作《资本论》作了准备。马克思最终被顺理成章地选进第一国际，并很快成为实际领导者。另一方面，在马克思和恩格斯一生中历尽艰辛所取得的理论与实践之间不同寻常的统一，决不意味着理论与实践之间连续的或直接的同一。他们亲身参加的唯一一次革命活动，就其群众特质而言，是手工业者和农民占了压倒性多数的革命活动，势单力薄的德国无产阶级在1848年革命中只发挥了微弱的作用。[1]马克思和恩格斯只是从远处进行观察的最先进的社会暴动——巴黎公社，主要也是由手工业者主导的。巴黎公社的失败，导致第一国际的解散，马克思和恩格斯又再次回归纯粹的非正式政治活动状态。真正的产业工人阶级政党，是在马克思逝世以后才出现的。马克思的理论和无产阶级的实践之间的关系，因而始终是不平衡的和间接的：两者之间很少直接相合。这一时期"阶级"与"科学"之间客观联系的复杂性（至今仍缺乏实质性研究）转而也在马克思著述本身的性质和命运中得到了反映。实际上，同时代工人阶级运动的局限性给马克思和恩格斯的著作设置了界限。这可以从马克思恩格斯文献的接受情况及其范围两个方面体现出来。马克思的理论影响力，严格说来，仍然相对受限于他自身的生活。他的大多数著述（至少有四分之三）直到去世时都未曾发表过，已经发表的著作则杂乱地以若干种语言散见于若干个国家，而没有完整地、系统地以任何一种语言形式流传于任何一个国家。[2]马克思的主要著作在其去世后的半个世纪才逐渐公之于众，而他的著作在其身后的公开发表史，则构成了往后马克思主义兴衰变迁的核心内容之一。马克思著作在其自身生活时代的出版情况，反映出他的思想在其目标阶级中的传播受到了阻碍。反言之，马克思生活的时代，尚处于从手工业工场向工厂过渡的时代，那个时候的无产阶级缺乏经验，甚至基本上还没有工会组织，因此在欧洲任何地方都还没有赢得政权的希望。这些因素都限制了马克思思想本身对外产生影响的范围。基本可以认为，马克思给我们留下了严谨而成熟的关于资本主义生产方式的经济理论（这在《资本论》中已经得到了阐述），却没有留下可比拟的有关资产阶级国家结构的政治理论，或有关工人阶级政党为推翻资产阶级国家而进行社会主义革命的战略、战术的政治理论。他至多是在1840年代留下了一些含糊的预测，在1870年代留下了一些简要的原则（"无产阶级专政"），以及著名的对第二帝国的形势分析。就此而言，马克思的著作不可能超越群众创造自我解放的手段和方式的实际历史步伐。与此同时，马克思从未对历史唯物主义本身作过扩展的一般性论述，这对于同时代人来说是一个更为明显的缺漏。随着欧洲大陆新型工人阶级组织的日益发展，恩格斯于1870年代后期和1880年代承担起了这个任务，写了《反杜林论》等系列著述。马克思恩格斯的理论著作与无产阶级实际斗争之间的历史关系的终极悖论之处，在于其特殊的国际主义。1848年以后，两人都没有在任何一国政党扎根；虽然立足于英国，但他们仍然在很大程度上超脱于地域文化和政治范围之外；1860年代，他们有意识地决定不回德国，虽然当时他们两人都是可以返回祖国的。在主要工业国家的工人阶级创建全国性组织的过程中，他们没有发挥过直接作用，而是为欧洲大陆和北美各地的战斗者和领导人提供咨询和指导。从莫斯科到芝加哥，从那不勒斯到奥斯陆，他们轻而易举地扩大了通讯联系。当时工人运动的狭隘性和不成熟，使得他们在付出一定代价以后实现了一种相比国际主义发展的下一阶段来说更为纯粹的国际主义。

马克思和恩格斯逝世以后，继承他们的下一代理论家为数仍然很少。他们中的大部分人在其个人成长过程中直到很晚才开始接触历史唯物主义。这一时期的四位主要人物是：拉布里奥拉（生于1843年）、梅林（生于1846年）、考茨基（生于1854年）和普列汉诺夫（生于1856年）。[3]他们都来自较落后的东欧或南欧地区。梅林是波美拉尼亚（Pomerania）一名容克地主的儿子，普列汉诺夫是坦波夫（Tambov）一名地主的儿子，拉布里奥拉是坎帕尼亚（Campania）一名地主的儿子，考茨基是波希米亚（Bohemia）一名画家的儿子。普列汉诺夫是1880年代在瑞士流亡期间参加民粹派秘密活动10年后转向马克思主义的；拉布里奥拉是一位在罗马已有名望的黑格尔派哲学家，他是在1890年转向马克思主义的；梅林在1891年加入德国社会民主党以前，曾长期作为普鲁士的一名自由民主主义者和政论家而开展职业活动；考茨基是他们中间唯一一个没有什么"前马克思"时期历史的人，他在二十多岁时就已作为一名社会主义新闻工作者参加了工人运动。这几位知识分子谁也没有在他们各自国家的政党中发挥过核心领导作用，但他们都密切参与了这些政党的政治和意识形态生活，并在其中拥有正式席位，只有拉布里奥拉始终游离于意大利社会党的创建工作之外。[4]在帮助建立劳动解放社之后，普列汉诺夫参与了第一届《火花报》（Iskra）编辑部的工作并在俄国社会民主工党第二次代表大会上被选入该党中央委员会。考茨基是《新时代》（Die Neue Zeit）杂志（德国社会民主党的主要理论刊物）的编辑，《爱尔福特纲领》（德国社会民主党在爱尔福特大会上通过的官方纲领）的起草人。梅林是《新时代》的杰出撰稿人。拉布里奥拉则是法国同类刊物《社会变革》（Le Devenir Social）的杰出撰稿人。四个人都分别与恩格斯本人直接通过信，恩格斯对他们的思想形成是有影响的。实际上，从他们著作的主要方向来看，可将其视为晚年恩格斯思想的延续。换言之，他们关注的是，以不同的方式将历史唯物主义系统化为一种完备的人与自然的理论，使之能够替代作为对立面的资产阶级诸学科，从而为工人运动提供其战斗者们易于掌握的、广泛且一贯的世界观。这一任务使他们像恩格斯一样承担起如下双重使命：一方面把马克思主义一般哲学陈述作为一种历史观提出来；另一方面又要把它扩展到马克思所未曾直接触及的其他所有领域。他们的主要代表作的题目都很相似，这表明他们有着共同的关切，如《论历史唯物主义》（梅林）、《唯物史观论文集》（拉布里奥拉）、《一元论历史观的发展》（普列汉诺夫）、《唯物史观》（考茨基）。[5]与此同时，梅林和普列汉诺夫还写了一些有关文学和艺术的文章（《莱辛传奇》《艺术和社会生活》），而考茨基则转向宗教研究（《基督教的起源》）——晚年恩格斯对所有这些主题都作过简要探讨。[6]这些著述给人的总体感觉是，它们是马克思遗产的总括而不是发展。开始把马克思的手稿作为学术性著作出版并对他的生平作传记性研究，以便向社会主义运动首次恢复和充分展示这些著述，都是这一代人的事。恩格斯编辑出版了《资本论》第二卷和第三卷；考茨基编辑了《剩余价值理论》；梅林与人合作出版了《马克思恩格斯通信集》，在其生命的最后一段时间里，梅林还完成了第一部重要的马克思传记。[7]这些继承者的主要目的，就是将这些对他们说来仍然非常新颖且很新近的遗产，加以系统化和概括综述。

然而，与此同时，世界资本主义的整个国际形势正在经历变化。19世纪的最后几年里，主要资本主义国家出现了明显的经济高涨现象：国内市场垄断和海外帝国主义扩张不断加剧，技术革新步伐紧锣密鼓，利润率持续提高，资本积累急剧增长，大国之间的军事竞争日益升级。与1874年至1894年间资本主义长期衰退的相对平稳发展阶段相比，情况已大不相同——那时正值巴黎公社失败之后，以及英布战争[8]和美西战争（紧接着是日俄战争）等最初的帝国主义之间的冲突爆发之前。马克思恩格斯的第一代直接继承者就是在这样一个相对平静的时期内形成的。再接下来的一代马克思主义者则是在一个相对动乱得多的环境中走向成熟的，因为此时欧洲资本主义已被迅速卷入第一次世界大战的狂风暴雨之中。与前辈相比，这一代理论新兵在人数上要多得多；他们更加引人注目地确证了马克思主义文化的整个地理轴心向东欧和中欧的转移，虽然这一转移在前一时期已经依稀可见。新一代主要代表人物毫无例外也都来自柏林以东地区。列宁是阿斯特拉罕（Astrakhan）一名公务员的儿子，卢森堡是加里西亚（Galicia）一名木材商的女儿，托洛茨基是乌克兰一名农民的儿子，希法亭是一名保险公司职员的儿子，鲍威尔则是奥地利一名纺织厂主的儿子。第一次世界大战之前，他们就都已经写过一些重要著作了。布哈林（莫斯科一名教师的儿子）和普列奥布拉任斯基（奥寥尔一名牧师的儿子）则是在第一次世界大战之后才开始崭露头角，但亦可视为同一代人中的晚生。至此，马克思主义理论发展的历史时期和地理分布情况可罗列如下：

马克思	1818—1883	特利尔（莱茵省）
恩格斯	1820—1895	巴门（威斯特伐利亚）
拉布里奥拉	1843—1904	卡西诺（坎帕尼亚）
梅林	1846—1919	施拉威（波美拉尼亚）
考茨基	1854—1938	布拉格（波希米亚）
普列汉诺夫	1856—1918	坦波夫（俄国中部）
列宁	1870—1923[9]	辛比尔斯克（伏尔加）
卢森堡	1871—1919	扎莫希奇（加里西亚）
希法亭	1877—1941	维也纳
托洛茨基	1879—1940	赫尔松（乌克兰）
鲍威尔	1881—1938	维也纳
普列奥布拉任斯基	1886—1937	奥寥尔（俄国中部）
布哈林	1888—1938	莫斯科

几乎所有年轻一代的理论家都在其各自国家的政党中发挥了决定性领导作用——远比他们的前辈所起的作用更为核心，也更加活跃。列宁当然是俄国布尔什维克党的缔造者；卢森堡是波兰社会民主党内起领导作用的才智人物，后来成为德国共产党最有权威的缔造者；托洛茨基是俄国社会民主党派系斗争中的核心人物；布哈林则是第一次世界大战前列宁麾下的一名步步高升的官员；鲍威尔是奥地利社会民主党议会党团书记处的头头；而希法亭系德国社会民主党在魏玛共和国国民议会中的杰出议员。这批人的一个共同特点，是他们在个人成长过程中格外早熟：几乎每一个人在不满30岁时即已经写过一部基础理论著作。

这些著述代表了怎样的新方向呢？有鉴于20世纪初期以来整个世界历史进程的不断加速，这一代理论家所关心的问题主要包含如下两个新方向：首先，资本主义生产方式发生了明显变化，出现了垄断和帝国主义，因而需要对此进行持续的经济分析和理论解释。而且，马克思的著作当时也正蒙受来自职业经济学家的首轮学术攻击。[10]《资本论》再也不能简单地直接拿来作为依据了，它必须加以拓展。考茨基实际上在这方面作了第一次重大努力：1899年的《土地问题》对欧洲和美国的农业变革作了一次全面而明确的探讨。这表明，在老一辈马克思主义者中，考茨基对当时形势需要的把握最为敏锐，他本人也因此在年轻一代的马克思主义者中确立了权威地位。[11]同年稍后，列宁也发表了《俄国资本主义的发展》，这是一部考察农村经济问题的巨著，其启发性在形式上与《土地问题》非常相近，但其具体目标在某种程度上更为大胆和新颖。这部著作实际上把《资本论》所阐述的资本主义生产方式的一般理论第一次运用于某种具体的社会形态之中，并将几种生产方式结合在一个清晰的历史总体之中。列宁关于沙皇俄国农村状况的调查，代表了作为整体的历史唯物主义的批判式发展——列宁完成这部著作时，年仅29岁。6年后，28岁的希法亭（由于有力反驳了庞巴唯克对马克思牵强附会的批判，希法亭于1904年声名鹊起）完成了他的开拓性著作——《金融资本》。《金融资本》于1910年公开出版，它对《资本论》的运用，既超出了考茨基的"部门"界限，又超出了列宁的"国家"界限，是对《资本论》的全面更新：在托拉斯、关税和贸易战争的新时代背景下，希法亭考察了资本主义生产方式本身的全球变化。希法亭集中分析了银行势力的不断上升、垄断的加速发展，以及为大力扩张资本而愈来愈多地使用国家机器的情况；他强调国际紧张局势和无政府状态的日益加剧，是各国资本主义日益强化的组织化和集中化的伴生物。同期，26岁的鲍威尔于1907年（在希法亭《金融资本》写完但尚未公开出版之前）发表了同样宏大的力作：《民族问题和社会民主党》。这部著作着手解决的，是马克思和恩格斯几乎没怎么接触过的一个重大政治问题和理论问题，而这个问题如今在现实的社会主义运动面前又显得比以往任何时候都更为突出。在这个几乎崭新的领域里，鲍威尔提出以雄心勃勃的综合分析法来解释民族的起源和构成，并在结论部分分析了当代帝国主义在欧洲以外的并吞浪潮。接下来，帝国主义本身成为卢森堡《资本积累》（发表于1913年，正值第一次世界大战前夕）的一个主要理论论述对象。卢森堡坚持认为，非资本主义的落后地区和国家的存在，构成了资本主义实现剩余价值的必要条件，因此，宗主国向巴尔干、亚洲和非洲进行军事和帝国主义扩张，是资本主义追求剩余价值的结构性必然结果。这一研究成果表明，在全球范围和新的时代背景下，如何重新思考和发展《资本论》的范畴体系，卢森堡的著作（尽管也有分析上的错漏），无疑作出了最为激进和最有创见的努力。然而，这部著作立即在《新时代》杂志上受到鲍威尔的批判，鲍威尔从1904年开始也一直在研究马克思关于资本扩大再生产的模式问题。

最后，在1915年，布哈林的《帝国主义与世界经济》探讨了资本主义的国际化挺进。[12]1916年，列宁发表了他研究帝国主义问题的著名短文《帝国主义是资本主义的最高阶段》：既对之前的相关论争中的共同经济结论作了总结性说明，又开创性地把它们纳入他自己对（由资本主义生产方式不平衡发展的一般规律造成的）帝国主义的好战和殖民剥削所作的清晰的政治分析框架之中。

因此，20世纪的头15年是德国、奥地利和俄国的马克思主义经济思想的兴盛时期。当时所有重要的理论家都认为在资本主义历史发展的新阶段阐述资本主义生产方式的根本规律，理所当然是极其重要的。然而与此同时，还有一种马克思主义政治理论也首次崭露头角。虽然当时的经济研究可以直接建立在《资本论》的恢弘基础之上，马克思和恩格斯却都没有留下任何可堪与其经济理论相媲美的关于无产阶级革命的政治战略和策略方面的思想遗产。如上文所述，马克思恩格斯所处时代的客观环境对其构成了妨碍。而20世纪初期以来中欧工人阶级政党的迅速壮大和反对东欧旧制度的人民起义风起云涌，为一种新型政治理论的兴起创造了条件：这种新理论直接建立在无产阶级群众斗争的基础之上，并自然而然地与党组织密切融合。举例来说，为整个德国和奥地利所密切关注的1905年俄国革命，就直接催生了马克思主义史上第一个科学的战略政治分析理论成果，这就是托洛茨基的《结局和前景》。这部简短的作品对世界帝国主义国家体系的结构洞察入微，极其精确地阐述了俄国社会主义革命的未来特征和进程。托洛茨基写作该书时才27岁，实际上，在第一次世界大战前，他没能够作出其他任何重大理论贡献，这是因为在1907年以后他脱离了布尔什维克党。而在组织和策略层面上系统地创建马克思主义阶级斗争政治理论，这项工作是由列宁来承担的。列宁在这方面的建树，永远改变了历史唯物主义的整个架构：在列宁之前，马克思主义理论版图中固有的政治领域从未得以考察过。在约20年的时间里，列宁创造性地提出了俄国无产阶级在一个娴熟的、全心全意的工人政党领导下进行成功夺取政权斗争所需的思想和方法。宣传与鼓动相结合、领导罢工和示威、建立阶级联盟、巩固党的组织、处理民族自决问题、揭示国内和国际危机、修正各种偏差、利用议会工作、筹备暴动等的具体方式——列宁的所有这些创见往往被简单地看作"实践"手段，但事实上它们也代表了在迄今未知领域智力上取得的决定性进步。《怎么办?》《进一步，退两步》《社会民主党在民主革命中的两种策略》《莫斯科起义的教训》《社会民主党在1905—1907年俄国第一次革命中的土地纲领》《论民族自决权》——所有这些以及第一次世界大战以前的其他一百来篇"应时"论文和随笔，开创了马克思主义的政治科学，自此以后，大量之前不受任何严格的理论统辖的问题就能够得以解决了。这一时期列宁理论著述的能量，当然源自处于沙皇制度没落时代的俄国群众的巨大革命力量。因为正是后者重要的自发实践，才越来越接近于推翻俄国的专制主义统治，也正是基于此列宁才有可能极大地丰富马克思主义理论。

同样地，一项智力发现所处的现实物质条件必然再一次决定了它的客观边界。囿于篇幅，我们在这里不打算讨论列宁上述著述的局限性和失察之处：只能说，这些局限性和失察之处从根本上讲都与落后的俄国具体的社会形态以及与支配这一社会形态并使得沙俄帝国截然有别于战前欧洲其他国家的社会阶层有关。与马克思相比，列宁更加深入地扎根于一个国家（俄国）的工人运动，而并没有直接关注欧洲大陆其他地区必然不同的斗争框架——这种斗争框架使得这些地区在通往革命的道路上所遇到的困难与俄国自身相比有质的区别。比如，在工业更加发达的德国，男性普选权和公民自由产生了一个与罗曼诺夫专制王朝迥异的国家结构，这使得其政治角逐场与俄国的截然不同。因此，在那时的德国，有组织的工人阶级的革命倾向显然较差，但与此同时工人阶级的文化，连同整个社会的制度化框架却更为发达。卢森堡，这位提出了一种开创性政治理论的德意志帝国的马克思主义思想家，在她本人的著述中就富有启发性地反映了这种矛盾——虽然这也部分地是她从当时造反意识要强得多的波兰地下运动经验中得来的。卢森堡的政治著述从来没有达到列宁的严谨度和深度，也不如托洛茨基的富有远见。德国工人运动的土壤也不允许她有这样的机会。但卢森堡在德国社会民主党内对于该党日益滑向改良主义（流亡中的列宁显然没有察觉到改良主义的程度）所作的充满激情的干预无论如何包含了对资本主义民主的批判，对无产阶级自发精神的捍卫，以及一种社会主义的自由观念等要素。虽然卢森堡所处的环境更为复杂，但她比列宁更早地意识到了这些问题。《社会改良还是社会革命》，是卢森堡在28岁时为驳斥伯恩施坦的渐进主义而作的战斗檄文，这使她开始走上自己的独特道路：不断地将总罢工理论化为工人阶级自我解放的典型进攻性武器，并借此在1909年至1910年间与考茨基展开了一场至关重要的大争论，在这场争论中，未来工人阶级政治的根本分水岭最终得以划定。

正是第一次世界大战从根本上分裂了欧洲马克思主义理论阵营，正如它从根本上分裂了工人阶级运动本身一样。第一次世界大战前的几十年间，马克思主义的整个发展比前一时期实现了更为紧密的理论和实践的统一，这是由于当时有组织的社会主义政党正处于上升时期。而主要的马克思主义理论家与他们本国的工人政党在实践上的结合，并没有使他们彼此变得偏狭或者相互分离。相反，国际辩论和论战是他们的第二天性；如果说他们谁也没有达到马克思和恩格斯那样宏伟的普遍主义的话，那也是由于他们各自国家的特定环境和生活使然——以几位俄国和波兰的马克思主义理论家为例，他们长期流亡国外，这会让人联想起历史唯物主义创始人的经历。[13]

虽然如此，在新的时代条件下，他们仍然构建了相对同质化的讨论和通信媒介，通过这些媒介，第二国际在东欧和中欧国家——马克思主义在这些国家当时已经成为一种生机勃勃的理论——的主力军中的一流作家，可以借助一手材料或二手材料互相了解彼此的思想和著述，而且彼此间的批判也是无国界的。因此，当第一次世界大战于1914年爆发时，关于战争的态度问题迅速在战前占据主导地位的各国马克思主义理论家队伍内部，而不是队伍之间出现了分裂：在年老一代马克思主义理论家中，考茨基和普列汉诺夫吵吵嚷嚷选择了社会沙文主义并支持他们各自（为敌）的帝国主义祖国；而梅林则坚定不移地拒绝向德国社会民主党的投降行为妥协。在年轻一代中，列宁、托洛茨基、卢森堡和布哈林全力以赴抵制战争并谴责互相争斗的各个社会民主党组织的背叛行为，这些社会民主党组织在这场早就预言过的资本主义大屠杀中，站到了他们的阶级压迫者一边。希法亭起初在魏玛共和国国民议会内反对过第一次世界大战，但很快自愿应征入伍，参加了奥地利军队。鲍威尔迅即服役，反对东线的俄国，但在那里很快就被俘了。恩格斯所珍视的第二国际的团结和现实在一周之内便瓦解了。

　　1914年8月第一次世界大战的爆发对欧洲大陆所造成的结果是众所周知的。在俄国，陷于饥饿和疲于战争的彼得格勒群众自发举行起义，并于1917年2月推翻了沙皇统治。8个月之内，布尔什维克党在列宁领导下作好了夺取政权的准备。10月，托洛茨基在彼得格勒集合力量进行他早在12年前就已预言的社会主义革命。1917年革命迅速取胜后，紧随其后的是帝国主义的封锁、干涉和1918年至1921年的内战。这些岁月里俄国革命史诗般的历程，都能在列宁的著述中找到理论指南。在列宁身上，政治思想和政治行动空前绝后地迅速合为一体。从《四月提纲》，经《国家与革命》《马克思主义和起义》，直到《共产主义运动中的"左派"幼稚病》和《论粮食税》，这一时期的列宁著述在历史唯物主义领域内创立了新的准则——"具体情况具体分析"，列宁称之为"马克思主义的活的灵魂"。这些准则中蕴含着如此巨大的动力，以至于不久后人们就开始使用"列宁主义"这一术语。在俄国无产阶级革命的这段英雄岁月里，马克思主义理论的迅速发展当然决不会仅限于列宁本人的著述。托洛茨基也撰写了若干重要著作，如论述战争艺术的《革命如何武装自己》和讨论文学命运问题的《文学与革命》；布哈林则在一部被广为讨论的专著《历史唯物主义理论》中，试图将历史唯物主义作为一门系统的社会学来加以总结。[14]稍后，普列奥布拉任斯基（布哈林曾与之合作编写过布尔什维克的通俗手册《共产主义ABC》）开始发表对于苏维埃国家向社会主义过渡以前的任务进行的最具创新性和最为激进的经济研究著作，这就是《新经济学》（该书的前面几个部分于1924年问世）——这是迄今为止的马克思主义理论所从未涉及过的领域。与此同时，致力于发掘和编辑未发表过的马克思著述的学术思想史和历史考证研究，其国际中心也已经转到俄国。第一次世界大战前就在马克思文献档案资料研究上负有盛名的梁赞诺夫，这时开始主持第一部完整而科学的马克思恩格斯著作集的编辑工作。马克思恩格斯的大量原始手稿被送到了莫斯科，并存放在马克思恩格斯研究院，梁赞诺夫就是该院院长。[15]在为俄国革命胜利所进行的实际斗争中，以及在初生的苏维埃国家的建设中，所有这些人当然都占有突出的地位：内战期间，列宁是人民委员会的主席，托洛茨基是负责军事的人民委员，布哈林任党报主编，普列奥布拉任斯基实际上是党的书记处的一把手，梁赞诺夫是工会组织者。这一代明星在内战行将胜利结束之际正值壮年时期，他们的出现保证了马克思主义文化在苏联这个新型工人阶级堡垒中的未来发展。

　　然而，在欧洲其他地区，在1918年第一次世界大战结束时爆发并一直持续到1920年的大革命浪潮均告失败。资本势力在俄国以外的欧洲任何地方都显得更为强大。国际反革命势力于1918年至1921年间对新成立的苏维埃国家实施围剿，却并未如愿，尽管俄国工人阶级因内战而蒙受了重大损失。无论如何，国际反革命势力在整个欧洲大陆的帝国主义秩序产生最严重社会危机的三年期间，的确把俄国革命完全隔绝于欧洲其他地区之外，这样就成功地压制了苏联以外的地方发生无产阶级起义。能够对欧洲大陆相当稳固的资本主义国家形成第一次根本威胁的，要算1918年至1919年在德国发生的一系列大规模群众运动了。此时身陷囹圄但仍密切关注俄国革命进程的卢森堡，比当时任何一位布尔什维克领导人都更清楚地觉察到了内战期间建立起来的专政所面临的危险，虽然与此同时她不断暴露出了自己对民族问题、农民问题的认识局限性，而民族问题、农民问题的重要性在高度工业化的欧洲地区其实并不明显。[16]第二帝国垮台后，刚从监狱中被释放出来的卢森堡便立即投身于德国革命左派的组织工作：作为在一个月后组建起来的德国共产党内最有权威的人物，卢森堡为该党起草了党纲，并在该党成立大会上作了政治报告。两周后，当在饥饿的柏林民众中爆发的一场半自发的混乱起义在社会民主党政府紧急指令下被志愿军团镇压时，她被暗杀了。柏林的一月革命惨遭镇压后，慕尼黑的社会主义和共产主义小组曾于1919年4月创建了巴伐利亚苏维埃共和国，但这个短命的共和国很快就被德国防卫军再次用武力镇压了。工人和士兵委员会于1918年11月发动的德国革命，亦在1920年彻底宣告失败。

与此同时，奥匈帝国也发生了类似事件。在更为落后的农业国家匈牙利，协约国的要求导致战争结束后刚建立的资产阶级政府自动退位，并在社会民主党和共产党的联合领导下短暂建立了一个苏维埃共和国，但这个共和国只存续了6个月就被罗马尼亚军队镇压了，白色政权得以恢复。在奥地利，产业工人阶级的力量要比匈牙利大得多（正如普鲁士同巴伐利亚之间的对比那样），但那里的社会民主党（它对无产阶级的忠诚度并未遭到质疑）却倾向于反对社会主义革命，反而参加了资产阶级联合政府，并以防止协约国的干涉为借口，逐步自上而下解散了工人和士兵委员会。1920年，社会民主党退出了资产阶级联合政府，但那时资本主义秩序已经重新稳定下来。这一时期的鲍威尔是奥地利社会民主党内举足轻重的人物：他于1919年担任共和国的外交部长，并为该党的战后历史作了重要的理论辩护，这就是他在1924年写的一部被错误地起名为《奥地利革命》的著作。此间，他以前的同事希法亭也曾两度担任魏玛共和国的财政部长。可见，即使在奥地利马克思主义的改良主义者那里，也保持了这代人的代表性特征即坚持理论与实践相统一。[17]再往南一点儿，最后一次较大范围的无产阶级起义在意大利于一战结束三周年之际爆发。在拉布里奥拉的故乡，社会主义政党的规模一直比德国或奥匈国家的要小得多，却更富有战斗性：该党在第一次世界大战期间曾抵制过社会爱国主义，并且标榜最高纲领主义；但在1920年席卷都灵的总罢工和占领工厂的骚动浪潮中，社会党却再次对进攻性的革命战略完全没有任何准备，以至于自由党政府和雇主们得以迅速采取反击措施，镇压了这场完全没有明确的政治领导的群众运动。民众起义的浪潮低落了，而反革命的别动队则准备迎接法西斯主义在意大利的降临。

德国、奥地利、匈牙利和意大利（这些国家和俄国一样，都是一战前受马克思主义理论影响的经典地域）的革命运动发生重大挫折的时候，布尔什维克革命本身尚未充分摆脱帝国主义的干涉，因此无法对这些国家的阶级斗争进程施以援手（直接的组织或理论影响）。虽然第三国际形式上已于1919年成立，但当时的莫斯科仍然是一座遭白军围困的孤城。第三国际实际成立的时间为1920年7月召开第二次代表大会之时，但此刻为时已晚，已不能对战后紧要关头的关键性战斗施加任何影响。当苏联红军挺进波兰时，暂时看起来似乎可能与中欧的革命力量发生决定性联系，但在同月红军就已被迫后撤；当占领都灵运动在几周之内就已临近崩溃之时，列宁也曾给意大利社会党发去电报呼吁意大利全国总动员。当然，这些革命活动失败的主要原因，并不能归于主观上的错误或失算，而只能说明中欧和西欧的资本主义力量在客观上占据优势，在这些地方，资本主义在历史上形成的相对于工人阶级的支配地位在战后幸存了下来。所以，即便没有经历这些战斗及其失败，第三国际也很难在苏联以外的主要欧洲大陆国家牢固建立起来。一旦反革命联盟对苏联的封锁被打破，一方面是在中欧和南欧社会民主党组织的分崩离析与自发起义的失败，另一方面是俄国布尔什维克党的成功，两者所形成的鲜明对照，当然就很容易确保在列宁和托洛茨基起草的原则基础上较快地建立起一个集权的革命国际。1921年，列宁为新建立的、当时已遍及发达资本主义世界的共产党写下了带有根本理论性质的"启示"——《共产主义运动中的"左派"幼稚病》，从而为俄国以外的社会主义者总结了俄国布尔什维克党的历史经验与教训，并开始首次论述在比沙皇帝国发达得多的环境中马克思主义面临的战略问题，那里的资产阶级议会制度比他在第一次世界大战前所意识到的要强大得多，而工人阶级的改良主义倾向也要严重得多。现在，列宁著作的系统翻译也第一次向全欧洲的战斗者揭示出，它是一个有组织的理论体系，并突然成为千万人心中的政治明灯。至此，以全新规模在国际间传播和丰富马克思主义理论的条件似已成熟，而共产国际则是它与群众的日常斗争进行决定性联系的保证。

事实上，这一前景很快就变得黯淡了。帝国主义对俄国革命的残酷打击致使苏联工人阶级蒙受了重大损失，即使苏联工人阶级在内战中取得了对白军的军事胜利。1920年后，从较发达的欧洲国家不可能指望得到任何直接救援。苏联因此陷于孤立，工业破产，无产阶级遭到削弱，农业荒废，农民的不满情绪日益高涨。资本主义在中欧已恢复稳定，而革命的俄国与中欧的联系则已被迫切断。帝国主义的包围刚刚被打破，与欧洲其他地区的联系重新建立起来不久，苏维埃国家又由于俄国的落后缺陷以及得不到任何来自国外的政治爰助，其国内形势也开始危急起来。1922年当列宁病重之后，他开始察觉到党组织内部的篡权斗争愈演愈烈，工人阶级越发处于从属地位，官方的沙文主义风气日渐浓厚。他最后的著作（从论述工农监察机构的文章到其遗嘱[18]）可视作他为寻求重新恢复群众真正参与政治实践活动的形式所作的令人绝望的理论尝试，以期打破新苏维埃国家的官僚主义，从而恢复已经丧失的十月革命所展现出的团结和民主。

1924年初，列宁逝世。此后三年间，斯大林在苏联共产党内所取得的胜利，决定了其后几十年内社会主义和马克思主义在苏联的命运。斯大林的政权机器不仅压制了俄国国内的群众革命活动，而且不断瓦解或破坏了苏联以外的群众革命活动。凌驾于工人阶级之上的官僚特权阶层地位得到了巩固。如此一来，经典布尔什维主义赖以产生的理论与实践的革命统一这一传统，就不可避免地遭到了破坏。基层群众遭受种种禁锢，连人身自由和自发行动都受到攫取了国家权力的官僚阶级的压制。列宁的最后一批战友也逐个遭到上层党组织的清洗。在合作化运动以后的苏联，一切严肃认真的理论工作均被告停。托洛茨基于1929年被流放并于1940年遭暗杀；梁赞诺夫于1931年被免职并于1939年死于劳改营；布哈林于1929年受到压制并于1938年被枪毙；普列奥布拉任斯基1930年被整垮并于1938年死于狱中。在斯大林统治的顶峰时期，马克思主义在俄国差不多已沦为一种纪念品。这个国家曾是全世界历史唯物主义发展最先进的地方，它曾以其为数众多和充满活力的理论家而超越整个欧洲，却在10年之内沦为一潭半开化的死水。

当斯大林主义笼罩在整个苏联文化上空之时，在苏联以外，欧洲资本主义的政治形势变得愈发激烈和动荡。工人运动在一战后的革命大危机中到处遭受失败，但对于整个中欧、南欧的资产阶级来说，仍然构成了一种强有力的威胁。此间，第三国际的建立和纪律严明的各国共产党的发展壮大，都带有明显的列宁主义标记。这引起了1918年至1920年期间的原初"震源地"国家所有统治阶级的恐慌。此外，帝国主义的经济复苏取得了成功，并确保了凡尔赛秩序的政治再稳定，但事实证明这种复苏是短暂的。1929年，资本主义历史上最大的经济危机席卷整个欧洲大陆，大规模失业蔓延，阶级斗争加剧。社会反革命势力以最野蛮、最残暴的形式动员起来，在一个国家接着一个国家废除议会民主，取缔工人阶级的所有自治组织。法西斯恐怖主义专政是资本对付该地区工人威胁的历史解决方案：它们的目的是，在帝国主义之间的对抗不断升级的国际形势下，压制无产阶级抵抗和独立的每一丝痕迹。意大利是第一个经历法西斯全力镇压的国家：到1926年时，墨索里尼已经禁绝了国内一切合法的反对派。在第三国际强加给德国共产党一条自杀性路线之后，纳粹于1933年在德国攫取了政权，德国的劳工运动彻底失败。一年后，教权法西斯主义在奥地利发动了武装袭击，摧毁了工人阶级政党和工会据点。在匈牙利，白色独裁统治由来已久。在南欧，西班牙发生的一场军事暴动引发了三年内战，在其邻国葡萄牙和盟国意大利以及德国的援助下，这场内战以西班牙法西斯主义的胜利而告终。这10年，以纳粹占领和控制捷克斯洛伐克，以及法国沦陷而告终。

在这个灾难性的年代，马克思主义理论在中欧这个一战前的历史唯物主义发展中曾扮演过重要角色的地区的命运如何呢？正如我们所看到的，列宁主义的政治思想刚在俄国以外的地方得到传播，很快就被第三国际的斯大林化所窒息：第三国际逐渐迫使其所属政党在政策上服从于苏联外交政策的目标。如此一来，第三国际以外的社会民主党和其他中间派政党自然也就没有为应用或扩展列宁主义提供任何空间。因此，在这一地区的群众性工人阶级组织范围内，两次世界大战之间的马克思主义物质论，主要限于经济分析，而其所遵循的路线则直接来自一战前的大辩论。魏玛共和国时期，受一位有钱的谷物商的资助，于1923年在法兰克福成立了一个独立的社会研究所，在准学术性框架内促进马克思主义研究（该研究所形式上隶属于法兰克福大学）。[19]该研究所的第一任所长是法律史学家卡尔·格林贝格。一战前，他曾在维也纳大学任教。格林贝格1861年生于特兰西瓦尼亚（Transylvania），是一位来自东欧的典型的老一代马克思主义学者。他创办并编辑了以欧洲劳工史为主题的第一份重要刊物——《社会主义和工人运动史文库》（*Archiv für die Geschichte des Sizialismus und der Arbeiterbewegung*），该刊也随他本人迁至法兰克福。这位奥地利马克思主义传统的杰出代表，自此搭建了一座与德国年轻一代社会主义知识分子沟通的桥梁。1920年代，他所主持的社会研究所的工作人员中既有共产党人又有社会民主党人，并与莫斯科的马克思恩格斯研究院保持着经常性联系，还曾向梁赞诺夫主持的第一部科学的马克思恩格斯作品集的编纂寄送过档案材料。实际上，《马克思恩格斯全集》（MEGA）第1卷就是在这两个机构的联合主持下于1927年在法兰克福出版的。

同期，该研究所还主持出版了亨利克·格罗斯曼的著作，这是两次世界大战之间唯一一部重要的马克思主义经济理论著作。格罗斯曼是来自欧洲大陆东部边境的又一位移民，1881年生于克拉科夫（Cracow），父亲是加利西亚的一名矿主。格罗斯曼与鲍威尔同岁，比布哈林大7岁——也就是说，他属于1914年前就已很出名的那一代马克思主义者之列。只不过格罗斯曼成长得较慢：他曾师从维也纳的庞巴维克，第一次世界大战以后加入波兰共产党，以后又在华沙大学讲授经济学。1925年，由于政治迫害，他离开波兰流亡德国，并于1926年至1927年间在法兰克福社会研究所发表了系列讲演，这些讲演后来汇编为一部长篇论著，题为《资本主义制度的积累和崩溃规律》。[20]格罗斯曼的著作正好发表于1929年大萧条期间，对一战前关于20世纪资本主义生产方式运行规律的著名辩论进行了总结，进而作出了在当时看来最有雄心、最具系统性的尝试，这就是：从马克思的再生产模式中，推论出资本主义制度必然崩溃。这一中心论题出版得很是及时，它很快便受到了一位左翼社会民主党人、青年经济学家弗里茨·斯特恩贝格的挑战。1926年，斯特恩贝格本人的著作《帝国主义》（*Imperialism*）主要是对于卢森堡观点的重述，只是在有关资本主义劳动力后备军的作用和周期波动性方面有一些新颖的分析，这部著作早先曾受到过格罗斯曼的抨击。当然，他们俩又都受到另一位波兰裔马克思主义者纳塔莉·莫茨科夫斯卡的批判，纳粹在德国上台后莫茨科夫斯卡写了一部论述现代危机理论的短篇著作。[21]次年，鲍威尔在流亡捷克斯洛伐克期间发表了他的最后一部理论著作，这部著作的名字颇具预见性：《两次世界大战之间？》。[22]在这部政治经济学著作中，这位奥地利马克思主义学派最具才华的代表人物，运用马克思的再生产图示完善了他毕其一生都在进行的实验，从而构建了一种最为精致的适用于已经发生的经济危机的消费不足理论，并记录了他对自己作为党的领导人长期实践的渐进改良主义的希望的最终幻灭。因此，他号召社会民主主义运动和共产主义运动在反对法西斯主义的斗争中重新联合起来。

迫于《慕尼黑协定》而离开布拉迪斯拉发（Bratislava）以后不久，鲍威尔于1938年在巴黎去世。几个月后，第二次世界大战爆发，纳粹主义吞没了整个欧洲，从而结束了马克思主义在欧洲大陆的一个时代。1941年，希法亭在巴黎死于盖世太保之手。由于战争的爆发，只有在战场的侧翼，才有可能继续书写这一代人所体现的马克思主义传统的尾声。例如，莫茨科夫斯卡于1943年在瑞士发表了她最后一部，也是最激进的著作——《论晚期资本主义的动力》。[23]同期在美国，年轻的美国经济学家保罗·斯威齐则在其清晰典范之作《资本主义发展理论》[24]中回顾和总结了马克思主义有关资本主义运行规律的全部论战史：从丘甘-巴兰诺夫斯基到格罗斯曼。斯威齐本人赞同鲍威尔关于消费不足问题的最终解决办法。不过，在"新政"环境下写成的这本书中，对于资本主义生产方式无法克服发展失调和消费不足的危机这一假定，斯威齐还是采取了含蓄的否定态度，转而同意凯恩斯主义所提出的由国家进行反周期干预以保证帝国主义的内部稳定这一方案仍具有潜在有效性。这样，资本主义的最终崩溃第一次被托付给一个纯粹外在的决定性因素，即苏联以及第二次大战结束后有望步其后尘的国家更优越的经济表现，其"说服效应"最终将使美国自身和平过渡到社会主义成为可能。[25]就此来看，《资本主义发展理论》标志着一个学术时代的终结。

注释：

[1] 参见西奥多·哈默罗：《复辟、革命、反动》（Theodore Hamerow, *Restoration, Revolution, Reaction*, Princeton 1958, pp. 137-56）。这是对1848年德国革命社会构成所作的最好的历史分析。

[2] 马克思生前未公开发表过的著作有：《黑格尔法哲学批判》（1843），《经济学哲学手稿》（1844），《关于费尔巴哈的提纲》（1845），《德意志意识形态》（1846），《政治经济学批判大纲》（1857—1858），《剩余价值理论》（1862—1863），《资本论》第二卷和第三卷，《哥达纲领批判》（1857），《评阿·瓦格纳》（1880）。

[3] 伯恩施坦（1850—1932）在学术上是个次要人物，他属于同时代人。莫里斯（1834—1896），比这批人中任何一个都年长，也更重要，但不公平的是，他甚至在自己的国家英国也没有产生很大的影响，更不为外界所知。

[4] 拉布里奥拉在敦促屠拉梯按照德国模式创建意大利社会党的过程中发挥过作用，但在1892年于热那亚召开的意大利社会党成立大会的前夕，他却决定不去参加，因为他对于该党的意识形态纯洁性问题持有保留意见。

[5] 梅林的论文发表于1893年，普列汉诺夫的论文发表于1895年，拉布里奥拉

的论文发表于 1896 年，考茨基的论文论述的范围要广泛得多，但发表得较晚，于 1927 年发表。

[6] 这些文章分别写于 1893 年（梅林）、1908 年（考茨基）以及 1912 年至 1913 年（普列汉诺夫）。

[7]《资本论》第二卷出版于 1885 年，第三卷出版于 1896 年；《剩余价值理论》出版于 1905 年至 1910 年；《马克思恩格斯通信集》出版于 1913 年；梅林的《卡尔·马克思》出版于 1918 年。

[8] 英布战争（Anglo-Boer War），是指 1899 年至 1902 年英国同荷兰移民后裔布尔人（Boer，荷兰语，意思是"农民"）建立的两个共和国（德兰斯瓦尔共和国与奥兰治共和国）为争夺南非领土和资源而进行的一场战争。英布战争是帝国主义时代到来的一个主要历史标志。——译者注

[9] 列宁逝世时间应为 1924 年。——译者注

[10] 首先对马克思进行严肃的新古典式批判的是庞巴唯克（Böhm-Bawerk）1896 年所写的《论马克思体系的终结》（*Zum Ahschluss des Marxschen Systems*）。庞巴唯克曾三次担任奥匈帝国的财政部长，1904 年至 1914 年在维也纳大学讲授政治经济学。

[11] 德国社会民主党内关于土地问题的争论，在很大程度上是由马克斯·韦伯关于德国东部农业工人状况的研究所触发的，这部著作由自由派的社会政策协会（Verein für Sozialpolitik）于 1892 年出版。参见朱利亚诺·普罗卡齐（Giuliano Procacci）为新近重版的考茨基著作《土地问题》意大利版所写的出色导言（*La Questione Agraria*, Milan 1971, pp. L-LII, LVIII）。

[12] 布哈林后来在 1924 年也发表了他对卢森堡的理论所作的深入批判；其内容已译成英文，收录在塔巴克编辑的《帝国主义与资本积累》一书中（K. Tarbuck, ed., *Imperialism and the Accumulation of Capital*, London 1971）。

[13] 1917 年之前，列宁、托洛茨基和布哈林居住或旅行过的国家提出了某种关于俄罗斯移民的想法。这些国家包括：德国、英国、法国、比利时、瑞士和奥地利（列宁和托洛茨基）；意大利和波兰（列宁）；罗马尼亚、塞尔维亚、保加利亚、西班牙（托洛茨基）；美国（托洛茨基和布哈林）；丹麦、挪威和瑞典（布哈林）。

[14] 布哈林的社会学手册发表于 1921 年；托洛茨基研究文学的著作发表于 1924 年。

[15] 达维德·梁赞诺夫（David Ryazanov），真名是戈尔登达赫（Golden'dakh），生于 1870 年。在梁赞诺夫参加俄国社会民主工党第二次代表大会的问题上，列宁和马尔托夫曾发生过争论，这次争论使马尔托夫开始与列宁决裂。就在此后不久，列宁和马尔托夫之间又在党的组织章程问题上发生了冲突。在 1905 年革命以后，梁赞

诺夫经常在《新时代》上发表文章，并致力于编辑马克思恩格斯通信集。

[16] 她的论文《俄国革命》写于1918年，1922年由保罗·莱维（Paul Levi）首次出版。

[17] 另外两名著名的经济学家，一名是前马克思主义者，另一名是对马克思主义的批判家，他们于这一时期在东欧和中欧担任过政府职务。在乌克兰，匕甘-巴兰诺夫斯基（Tugan-Baranovsky）担任过1917年至1918年反革命拉达（Rada）的财政部长；而在奥地利，熊彼特于1919年担任过同样的职务。

[18] Lenin, *Collected Works*, Vol. 33, pp. 481-502; Vol. 36, pp. 593-597. 中译文参见《列宁全集》（第33卷），人民出版社1957年版，第436—455页；《列宁全集》（第36卷），人民出版社1959年版，第615—620页。

[19] 关于法兰克福社会研究所的起源，参见马丁·杰伊在《辩证思维》（Martin Jay, *The Dialectical Imagination*, London 1973, pp. 4-12ff.）一书里所作的翔实的学术论述。

[20] *Die Akkumulations- und Zusammenbruchsgesetz des kapitalistischen Systems*, Leipzig 1929; reissued in Frankfurt 1971.

[21] *Zur Kritik moderner Krisentheorien*, Prague 1935. 莫茨科夫斯卡于1886年生于华沙，1908年移居瑞士，她在苏黎世一直居住到1968年逝世。

[22] *Zwischen Zwei Weltkriegen?*, Bratislava 1936.

[23] *Zur Dynamik des Spätkapitalismus*, Zurich 1943.

[24] 这部著作发表于1942年，斯威齐时年32岁。

[25] *The Theory of Capitalist Development*, New York 1968 re-edition, pp. 348-362.

第二章　西方马克思主义的兴起

　　第二次世界大战的潮流适时地在伏尔加河发生了转折。1942年至1943年苏联红军对德国国防军的胜利确保了欧洲从纳粹统治下解放出来。至1945年，除伊比利亚地区以外，法西斯主义在世界各地节节败退。国际势力和威望大增的苏联，成为除了最南部的巴尔干半岛以外的整个东欧命运的主宰者。共产主义政权很快就在普鲁士、捷克斯洛伐克、波兰、匈牙利、罗马尼亚、保加利亚、南斯拉夫和阿尔巴尼亚纷纷建立起来，各地新建立的政权没收了本地资产阶级的财产并推行苏联式的工业化政策。一个一体化的"社会主义阵营"覆盖了欧洲半个大陆。另一半则被美英军队"拯救"为资本主义。而在法国和意大利，本国共产党由于在抵抗运动中所起的领导作用而首次成为工人阶级的多数派组织。另一方面，在西德，由于缺乏类似的抵抗经历，而国家本身又遭到分割，复辟的资产阶级政权在英美占领军的庇护下成功清除了无产阶级在二战前的共产主义传统。随后20年所呈现的经济和政治格局，与两次世界大战之间的时期形成鲜明对照。西欧主要国家并没有倒退到军事或警察专政。在整个发达工业世界，建立在充分普选制基础上的议会民主，在资本主义历史上第一次趋于稳定和正常。像1920年代与1930年代那样的经济大萧条灾难也没有再出现，相反，资本主义世界迎来了前所未有的、强劲的长期繁荣，这也是资本主义历史上最迅速和最兴盛的扩张时期。与此同时，对无产阶级实施监护的苏联和东欧官僚主义政权，则在斯大林去世后经历了一系列危机和调整，但是其结构并未发生任何根本性改变。恐怖行动作为国家的一种系统性武器已经弃之不用，但武力强制手段仍压制着这一地区内的民众反抗。经济增长（就其比较低的起点而论）还是迅速的，但这并不意味着对资本主义阵营的稳定性构成了政治挑战。

在这个翻天覆地的新世界，革命理论也随之完成了演变，这种演变产生了我们今天可以回顾性地称之为"西方马克思主义"的理论。因为就我们现在将要论及的作者们所发表的著述的主体部分而言，它们在历史唯物主义的发展中，实际上已形成了一个崭新的思想构型。在他们手中，马克思主义已经成为一种就某些批判向度而言与以往截然不同的理论。特别是，第一次世界大战之前就已在政治上成熟起来的那一整个世代的理论家群体特别关切的主题被彻底转换了，这种转变既有世代特点，又有地域特点。

这一转换的历史，是漫长而复杂的，它开始于两次世界大战之间，并与早期马克思主义传统的式微交织在一起。探究这一问题最为清晰的路径，莫过于为正在讨论的这些理论家列一个简单初始的生卒年及地域分布表：

卢卡奇	1885—1971	布达佩斯
科尔施	1886—1961	托德斯泰特（德国西萨克森）
葛兰西	1891—1937	阿列什（意大利撒丁岛）
本雅明	1892—1940	柏林
霍克海默	1895—1973	斯图加特（德国施瓦本）
德拉·沃尔佩	1897—1968	伊莫拉（意大利罗马涅）
马尔库塞	1898[1]	柏林

列菲弗尔	1901[2]	哈格特毛（法国加斯科涅湾）
阿多尔诺	1903—1969	法兰克福
萨特	1905[3]	巴黎
戈德曼	1913—1970	布加勒斯特
阿尔都塞	1918[4]	比尔曼德里埃斯（阿尔及利亚）
科莱蒂	1924[5]	罗马

　　这些思想家的家庭出身与他们的前辈并无多大不同。[6]从地域来看，这一群体的分布格局与恩格斯之后崭露头角的那批马克思主义知识分子却大为不同。正如我们所看到的，在历史唯物主义创立者之后接连出现的两代人中，每一位重要的马克思主义理论家实际上都来自东欧或中东欧；即使是在日耳曼帝国内部，为第二国际输送主要杰出人物的，也是维也纳和布拉格，而不是柏林。然而，自从第一次世界大战结束以来，这种情况就发生了逆转。上述西方马克思主义传统代表人物中，除了卢卡奇和他的学生戈德曼以外，每一个重要人物都来自更远的西方。卢卡奇本人的思想主要是在海德堡大学形成的，他的文化素养中德国的成分总是要多于匈牙利的成分；而戈德曼的整个成年期都是在法国和瑞士度过的。出生于柏林的两个德国人中，本雅明在文化倾向上潜意识里明显钟情于法国；马尔库塞则主要是在施瓦本地区的弗莱堡大学接受的训练。[7]在西方马克思主义传统内部，可以划分为两个世代。[8]第一个知识分子群体，他们在个性形成期的政治经历即是第一次世界大战本身，抑或受过第一次世界大战结束前所爆发的俄国革命的影响。就其生平来看，卢卡奇比布哈林大三岁，而科尔施则比布哈林大两岁。之所以将卢卡奇与科尔施与一战前的一代马克思主义者区分开来，是因为他们接触社会主义革命理论要晚得多：布哈林早在1914年前就已是列宁的

一位活跃而温和的副手；而卢卡奇和科尔施则是通过第一次世界大战和殖后的大规模动荡才开始变得激进起来，直到1918年以后才成为马克思主义者。葛兰西在第一次世界大战前夕已经是意大利社会党的一名战斗成员，但他仍然是一个初出茅庐的青年人，由于缺乏经验而在战争伊始就犯了严重错误（当他近乎鼓吹意大利介入这场战争大屠杀之时，他所在的政党正强烈谴责这种做法）。马尔库塞在未满21岁时就被德国军队征召入伍，并于1917年至1918年短暂加入过德意志独立社会民主党（USPD）。本雅明逃避了兵役，却因为战争而向左转了。相比之下，西方马克思主义传统内部的第二个世代"组合"，则是由第一次世界大战结束以后成熟起来的一群人构成的，他们是由于法西斯主义和第二次世界大战的来临而完成政治塑形的。他们当中第一个发现历史唯物主义的是列菲弗尔。在这一组人中，列菲弗尔在许多方面都显得非同寻常，他于1928年加入法国共产党。阿多尔诺比本雅明小10岁，他似乎一直到1933年纳粹上台后才转向马克思主义。萨特和阿尔都塞尽管在年龄上相差很大，但由于受到西班牙内战、1940年法国溃败以及德国监禁的影响，似乎同时变得激进起来。他们俩都是在1945年以后、在冷战的头几年中完成政治演进的：阿尔都塞于1948年加入法国共产党，而萨特于1950年站到了国际共产主义运动一边。戈德曼在二战前和二战期间就对卢卡奇的著作着迷，并于二战后的1946年在瑞士与卢卡奇偶然结识。德拉·沃尔佩在年代上是一个例外，不过还是符合按世代划分的政治范式的：在年龄划分上，他属于第一代，但第一次世界大战对他毫无触动，后来受到意大利法西斯主义的中伤，在第二次世界大战行将结束的1944年至1945年才迟迟转向马克思主义，当时他已快50岁了。最后，还可以辨识出唯一一个属于第三世代的临界个案：科莱蒂，他太年轻，不可能被很深地打上第二次世界大战的烙印，他在二战后成为德拉·沃尔佩的学生，并于1950年加入意大利共产党。

可以看到，从1920年代初期以来，欧洲马克思主义基本上就愈来愈集中于德国、法国和意大利——在这三个国家里，要么是在二战之前要么是在二战之后，一个受到大部分工人阶级衷心拥护的强大的共产党与一个人数众多的激进知识阶层结合在了一起。在这一地区之外，则由于不具备这样或那样的条件而阻碍了成熟的马克思主义文化的出现：在两次大战期间，英国知识分子中出现了广泛的激进化趋势，广大工人阶级却仍然坚定地忠于社会民主主义的改良主义。在西班牙，无产阶级的革命倾向比1930年代欧洲大陆上任何其他国家的工人阶级都要强烈，但参加工人运动的知识分子却微乎其微。因此，在这一时期，这两个国家都没有产生任何引人注目的马克思主义理论。[9]"西方马克思主义"的历史年代和地域分布，为确立它在整个社会主义思想演进中所处的位置，提供了一个初步的形式框架。我们还需要识别出西方马克思主义具有的明确的实质特征，这些特征使它可以作为一个完整的传统而加以定义和区分。西方马克思主义首要的和最根本的特点就是：它在结构上与政治实践相脱离。第一次世界大战前的一代经典马克思主义者实现了理论与实践的有机统一，他们在各自所属的东欧和中欧政党内，承担起了某种不可分割的政客-知识分子双重功能，从1918年到1968年这半个世纪里，理论与实践之间的统一在西欧却日益被割裂开来。第一次世界大战以后，马克思主义在新的世代和新的地域背景下，理论与实践的割裂并不是立即或自发发生的。它是由巨大的历史压力缓慢且逐步引发的，到1930年代理论与实践之间才切断了最后一丝联系。然而，到第二次世界大战以后的新世代，理论与实践之间的距离已经变得如此之大，以至于似乎已经构成西方马克思主义传统本身的一部分。然而实际上，后1920年代最初的三个重要理论家卢卡奇、科尔施和葛兰西——整个西方马克思主义范式的真正创立者——起初在他们各自党内都是主要的政治领导人物。他们也都是当时大规模革命暴动的直接参与者和组织者。他们的理论的出现，确实只有在这样的政治背景才能理解。

1919年，卢卡奇是匈牙利苏维埃共和国主管教育的副人民委员，并在蒂萨河（Tisza）前线与匈牙利革命军一起战斗，共同反击协约国的进攻。1920年代，他被流放奥地利时，仍是匈牙利共产党的领导成员之一，历经10年的党内派系斗争之后，他于1928年曾一度担任过党的总书记。科尔施于1923年以共产党人身份担任过图林根政府的司法部长，并在同年负责德国共产党在中部地区起义前的准军事准备工作，但那次起义被德国防卫军（Reichswehr）提前扼杀在摇篮里了。后来，他作为共产党的卓越代表任职于魏玛共和国国民议会。此外，他还承担过议会理论刊物的编辑工作，并于1925年成为议会左翼党团领袖之一。当然，若从在紧接着战后时代的群众斗争中所起的作用来看，葛兰西比卢卡奇和科尔施都要显著。1919年至1920年间，他是都灵工厂委员会的主要组织者和理论家，并担任《新秩序》（*L'Ordine Nuovo*）杂志的编辑；他还是1921年成立的意大利共产党的创始人之一，并于1924年逐步成长为党内最有影响的领导人——当时该党正在进行艰苦的自卫斗争，反击法西斯在意大利巩固统治。这三个人后来的命运，成为在以后的岁月里使马克思主义理论远离任何阶级实践的力量的象征。科尔施于1926年被开除出德国共产党，原因是他否认资本主义已趋于稳定，要求重新鼓动强调工人委员会的作用，并批评苏联关于与世界资本主义和解的外交政策主张。被开除出党的科尔施依然努力维持着一个独立的政治小组达两年之久，甚至在这个小组解散之后，他仍活跃在马克思主义知识分子和无产阶级圈子，直到1933年纳粹主义的胜利将他从德国先后驱逐和孤立于斯堪的纳维亚半岛国家和美国。[10]另一方面，卢卡奇于1928年为匈牙利共产党起草了正式党纲，这份党纲含蓄地拒绝了刚刚被共产国际第六次代表大会接纳的灾难性观点，即臭名昭著的"第三时期"路线——把改良主义的工人组织斥为"社会法西斯主义",并虚无地否认在资产阶级民主政权和军事警察专政之间存在任何区别,将它们都看成是资本主义的统治工具。[11]卢卡奇试图描绘一种新事态下的资本主义政治制度类型学,并且强调,在反抗匈牙利霍尔蒂暴政的斗争中需要有过渡性的民主主义口号。这遭到了共产国际书记处的激烈反对,卢卡奇受到了被立即驱逐出党的威胁。为避免被开除出党,卢卡奇公开发表了一份悔过声明(实际并未修改他的个人观点),但是,他拒绝承担责任的代价是:永远放弃党内或共产国际内负责组织工作的职务。1929年以后,卢卡奇不再是一个政治好战分子,他本人的智力劳动就仅限于文学批评和哲学了。在柏林短期逗留后,因纳粹攫取政权,他也被迫流亡——只是他去的是相反的方向——他去了苏联,并在那里一直待到第二次世界大战结束。

葛兰西的命运则更为惨淡。他于1926年在罗马被墨索里尼下令逮捕,当时意大利法西斯主义完成了对这个国家的完全独裁统治。葛兰西在监狱里度过了9年可怕的岁月,困苦的条件最终导致他于1937年英年早逝。由于被监禁而无法参与意大利共产党的秘密生活,葛兰西得以避免与共产国际斯大林化的后果产生直接对抗。即便如此,他在被捕前的最后一个政治动作是,在俄国驱逐左翼反对派的前夕,给在莫斯科的陶里亚蒂写了一份措词尖锐的抗议书,反对陶里亚蒂压制意大利共产党致苏共中央委员会的信,信中主张给予苏共内部争论更大的宽容度。后来,身处牢狱之中的葛兰西依然明确反对1930年后的"第三时期"路线,坚持与卢卡奇1928年相同的立场,即强调在法西斯主义统治下作为中间要素的民主诉求的重要性,以及为推翻法西斯主义而与农民结成联盟的极端必要性。[12]当时第三国际内部的气氛,迫使葛兰西的兄弟(葛兰西委托他的兄弟将自己的观点转达给设在意大利以外的党的中枢)不得不保持沉默,以便将葛兰西从被开除出党的风险中拯救出来。在两次世界大战之间的时期，以如此不同的方式侵蚀欧洲工人阶级运动的两大悲剧——法西斯主义和斯大林主义——就这样联合起来，将一种与西方无产阶级群众实践相结合的本土马克思主义理论的几大潜在传播者摧残殆尽并使之烟消云散。葛兰西在意大利的孤独与离世、科尔施和卢卡奇分别在美国和苏联的隔绝与流亡，标志着西方马克思主义迄今为止在国内扎根于群众的时代已经终结。从此以后，西方马克思主义就转而以自己的密码式语言来说话了，它与形式上力图为其代言和效劳的阶级的距离渐行渐远。

即将发生的深刻变化最早出现在德国。它的发源地就是法兰克福社会研究所，该所早期的起源及发展情况我们在前面已经交代过了。虽然它作为在资本主义国家内部从事马克思主义研究的学术中心的构想标志着社会主义历史上的一个新起点——意味着要在机构上与政治脱离，对此，至少一战前的卢森堡是决不会接受的——但无论如何，该所在整个1920年代致力于工人运动传统问题的研究，并将扎实的实证工作与严肃的理论分析结合在一起。法兰克福社会研究所的首任所长在就职演说中特别告诫了它变成"达官贵人"学院的风险，该所成员中含纳了魏玛共和国的各无产阶级政党，尤其是德国共产党内的活跃分子。[13]该所主办的杂志既发表科尔施和卢卡奇的著述，也发表格罗斯曼或梁赞诺夫的文章，形成了1920年代马克思主义内部"西方"和"东方"思潮交汇的节点。因此，对于两次世界大战期间的整个欧洲马克思主义的演化来说，法兰克福社会研究所的轨迹所发挥的影响是举足轻重的。作为该所成立时的首任所长，奥地利马克思主义史学家格林贝格于1929年退休。1930年，霍克海默成为该所新所长——当时正值卢卡奇被压制一年以后，那一年葛兰西甚至在狱中也因其自身安全问题而受到审查。格林贝格是一位历史学家，而霍克海默是一位哲学家，霍克海默在就职演说中为该所工作方向的重大调整奠定了基调，即从对历史唯物主义作为一门"科学"的关切，转向辅以实证研究的"社会哲学"发展。该所于1932年停止发行《社会主义和工人运动史文库》，它的新评论性刊物就率直地取名为《社会研究杂志》。在1933年法西斯主义发动反革命之前的一个很短的时期之内，霍克海默就在研究所周围聚集了一批多样化的有才干的青年知识分子，其中最为重要的当属马尔库塞和阿多尔诺。霍克海默与格林贝格或格罗斯曼都不一样，他从未公开加入过任何工人阶级政党，虽然他也曾一度赞美过卢森堡，并一直保持着激进的政治观点——既批判德国社会民主党，又批判德国共产党。马尔库塞曾于1918年加入士兵委员会，并与有组织的工人运动，特别是德国社会民主党左派保持着某种联系；在希特勒上台前的最后几年里，他还曾是希法亭理论刊物《社会》（Die Gesellschaft）杂志的撰稿人。而在这个三人组合中，作为军官候补生的阿多尔诺则与社会主义政治生活毫无个人瓜葛。当德国社会民主党和共产党都在吹嘘他们对未来充满信心时，法兰克福研究所新组建的团队却对德国阶级斗争的前景抱持怀疑态度，这在霍克海默上任伊始便已现端倪——1931年，该所将其基金管理机构悄悄转移至荷兰并在瑞士建立其国外办事处。[14]

　　1933年的纳粹胜利，迫使研究所流亡国外，但并没有摧毁其作为一个研究中心的存在。通过谈判，霍克海默于1934年终于把研究所正式迁往美国，隶属位于纽约的哥伦比亚大学。在第二次世界大战爆发之前，他所有最亲密的同事也都得以辗转来到美国与他会合。将社会研究所迁移至美国，意味着将它转换到了一个完全缺乏哪怕是形式上委身于社会主义的大规模工人阶级运动，或者说完全缺乏任何一种实质性马克思主义传统的政治环境。在新环境中，研究所自身不断适应当地的资产阶级秩序，审查自己过去和现在的工作，以适应当地学术或企业的感受能力，并进行通常带有实证主义特点的社会学调查。为了在新的生存环境中伪装自己，研究所实际上已完全退出了政治。不过，霍克海默和阿多尔诺私下里仍然保持着对美国社会的尖锐敌意，这在二战后他们合著的《启蒙辩证法》（为谨慎起见，该书于荷兰公开出版）中有所披露——该书的基本论点是，北美的自由主义和德国的法西斯主义没什么两样。1949年至1950年，研究所再次迁回法兰克福，但它的社会功能和社会取向在美国期间所发生的根本变革，却再也无法改变了。二战后的西德在政治和文化上都是最反动的欧洲主要资本主义国家——它的马克思主义传统因纳粹沙文主义和遭受英美两国的镇压而被剪除，它的无产阶级一时间也变得消极和沉寂。在这样的环境下，德国共产党遭到取缔，德国社会民主党则正式断绝了与马克思主义之间的一切关联。而研究所也由此完成了它的去政治化进程。如果说在美国学术世界里，它还只是一块飞地的话，那么在西德它被赋予极高的荣誉并且受到官方的庇护。霍克海默在1930年代所倡导的"批判理论"现在已经明确放弃与社会主义实践的任何联系。霍克海默本人在退休后终于堕落到恬不知耻地充当资本主义辩护士的地步。[15]于1958年成为研究所所长，并出版了该所二战以后最具影响力的一系列著作的阿多尔诺从来没有走这条路，恰恰由于阿多尔诺一直是远离政治的，而且总是比他的同事们距离政治更远一些，他避免了走上这条路。相形之下，一直留在美国的马尔库塞，处于1950年代至1960年代严酷思想和制度隔绝状态之中的他，作为个人，仍然保持了不妥协的革命立场。但客观环境的严酷性也让他在思想上付出了代价。马尔库塞投身于经典马克思主义的政治理想，却完全脱离于为这些政治理想而奋斗的任何一种积极社会力量，他在美国提出了一种工人阶级已结构性"融入"先进资本主义，因而在社会主义思想（此时再次不可避免地变成了"乌托邦"）与当代历史中的无产阶级活动之间存在着一条无法逾越的鸿沟的理论。理论与实践的决裂，已在

1920年代晚期的德国实践中悄然萌发，到了1960年代中期，马尔库塞《单向度的人》出版，则标志着这一决裂最终在理论上被坚定不移地神圣化了。

纳粹上台前，德国曾经是俄国之外唯一一个拥有大众共产党的主要欧洲国家。此后，"人民阵线"政府时期的法国首次出现了大规模的共产主义运动。第二次世界大战结束后，德国共产党在西德实际上已被消灭，而法国共产党则成为法国工人阶级的多数派组织。这一双向变化改变了整个欧洲马克思主义文化的均衡态势。自第二国际以来，法国的工人运动（19世纪早期，它曾在欧洲大陆的政治战斗性和思想创造性方面居于领导地位）已在理论上远远落后于东欧、中欧，甚至也落后于意大利；马克思主义从未深入法国社会党（SFIO）或法国劳工总联盟（即法国总工会，CGT）之中。第三共和国时期，这种文化上的落后从根本上讲是由以下双重原因导致的：一方面是因为在无产阶级自身中间存在朴素的前马克思主义的传统力量（如蒲鲁东主义、布朗基主义、无政府工团主义）；另一方面是因为资产阶级（晚期雅各宾派式的）激进主义仍然葆有活力，它将当地的知识分子与他们所处的阶级牢牢地锚定在一起。而当这两股潮流汇合在一起时，例如汇集在像饶勒斯这样一位领导人身上时，其结果就是产生了一种带有明显唯心主义和地方偏狭观念的社会学说。对于1914年前发生的马克思主义大辩论，法国没有作出过任何显著贡献。实际上，法国社会党对《资本论》一窍不通；值得玩味的是，在第一次世界大战以前没有任何一部马克思恩格斯之后的马克思主义重要理论著述被译成法文。1918年协约国的胜利，确保了资产阶级在法国的统治地位，并使得法国工人阶级免于遭受因战败而导致的严酷考验，这就进一步阻滞了马克思主义在法国成长为一股现实力量的条件的产生。于是，继1920年出现一个貌似成功的开端之后，法国共产党迅即缩减到一个较小的规模：在1920年代余下的年头里，法国共产党约有5万名党员，它所吸引的知识分子多为文学界的名人，这些人与社会主义思想遗产之间的联系，与其说是科学的，毋宁说是情感上的。

直到1928年，才有第一批对马克思主义真正感兴趣的青年知识分子加入法国共产党。这一群体包括尼让、列菲弗尔、波利策、古特曼和弗里德曼。这一团体在反对法国官方哲学的枯燥乏味和狭隘主义的斗争中逐渐形成，他们本来就对超现实主义持同情态度。[16]然而，这些人加入法国共产党之时，恰逢"第三时期"国际共产主义运动的最终斯大林化。因此，从一开始，他们的理论工作就受到了严格的政治限制：那时，诸如资本主义的发展分析和阶级斗争的开展等所有核心问题，不仅是法国共产党领导层的保留领域，而且是位于俄国的共产国际自身的保留领域。因此，在欧洲各国共产党内部，马克思主义范围内的思想活动领域被极大地压缩了。在对精神分析学进行了开创性的马克思主义批判尝试之后[17]，波利策也变成了一位顺从的法共文化官员。尼让的雄辩之才因受到来自党组织的压力而不断遭到扼杀，直至最后他反对《苏德互不侵犯条约》并被开除出党。[18]列菲弗尔独自既完成了相对大量而又高水准的著作，又保持了对法国共产党的公开忠诚——他之所以能够做到这一点，是因为他采取了一种创新策略，这后来成为几乎所有西欧马克思主义理论家的普遍特征，即"让凯撒的归凯撒"——一种与足够远离革命战略核心问题从而规避直接控制或审查的智力劳动相结合的政治忠诚。列菲弗尔1930年代的主要著作，多具哲学性，其抽象程度正好控制在党的纪律所允许的范围之内。但他最重要的著作《辩证唯物主义》（写完三年后才出版）还是受到了当局的质疑[19]——在语气和关切点上，这部著作可以被置于早期卢卡奇的直言不讳（明确诉诸"历史"）和当代霍克海默的含糊其词（模棱两可地诉诸"批判理论"）之间。尽管列菲弗尔与身在巴黎的本雅明惺惺相惜（他们都赞同超现实主义）[20]，但1930年代末的列菲弗尔，在国际上仍处于孤立状态，即便是在法国本土，他也是孤独的。

1940年至1944年，德军占领法国，第三共和国的整个政治和文化体系遭到倾覆，这也第一次为作为一种理论思潮的马克思主义在法国的普遍化创造了条件。法国共产党在"人民阵线"政府的最后几年里发展为拥有30多万党员的大众政党，它从1941年以来就成为抵抗（德军占领）运动中的一支主导性民众力量，其影响力也在战时急剧增强。1945年以后，在法国工人阶级内部，法国共产党的组织已是势不可挡。其结果是：该党在招募和吸引知识分子的能力方面取得了长足进展。波利策在抵抗运动中被杀害，尼让则死在敦刻尔克，而列菲弗尔在此后10年中仍然是党内最著名、最多产的哲学家。这一时期，尽管法国共产党内吸收了大量知识分子，却鲜见新的理论著述问世，其原因一方面在于，自冷战开始以来，新的理论著述由于党内日益严格的文化控制而受到了极大压制；另一方面在于，在冷战高潮期间，法国共产党领导层强制推行日丹诺夫主义。因此，在二战结束后的头10年内，出现了这样一个重要而新奇的现象，即马克思主义在一个存在主义的环境中发挥着作用——它最初出现于德军占领时期，此后又通过萨特、梅洛-庞蒂和德·波伏娃的著作而产生了广泛的文化辐射。科耶夫在这一过程中发挥了中介作用：他是二战前把黑格尔系统地介绍到法国的第一人。作为一名学院派哲学家，科耶夫对黑格尔《精神现象学》的"存在主义"解释，为萨特和梅洛-庞蒂战后转向马克思主义提供了一个间接的通道。[21] 萨特和梅洛-庞蒂于1946年创办了一份独立的社会主义杂志——《现代》（*Les Temps Modernes*），该杂志因为刊发来自哲学、政治学、文学、人类学和精神分析学等诸多学科领域的文章而迅速成为法国最有影响力的理论刊物。无论是梅洛-庞蒂还是萨特，都不倾向于加入法国共产党，但他们二人都相继尝试着与法共一起维持一种积极的革命承诺；他们明确表达法共不承认的政治观点，而没有反对或攻击法共。这种暧昧关系建立在这样一种信念之上，即法国工人阶级的绝大部分已经被一个扼制党内智力劳动的政党不可动摇地组织起来，最终导致萨特自 1952 年至 1954 年在题为《共产党人与和平》[22]的一系列文章中，从党外对法国共产党的政治实践进行了直接理论化的非凡尝试。当然，要做到这样一种"离心的"理论与实践的统一是不可能的。1956 年的匈牙利十月事件导致萨特同法国共产党公开决裂，从此以后，作为一个公开不与群众接触的个体哲学家和政论家，他游离于任何组织框架之外开展自己的理论工作。同时，在法共内部，苏共二十大和匈牙利十月事件最终导致列菲弗尔成为积极的反对派，于 1958 年被开除出党。阿尔及利亚战争期间，法共的政治作为陷入最低谷。

1960 年代法共内部统治出现有限度的自由化松动，显示新兴知识分子势力开始在党内悄然兴起。从 1955 年开始，科尔纽的马克思恩格斯系列传记陆续出版，就已经证实梅林和梁赞诺夫的学术传统完成了向法国的转移。[23]但是，直到 1960 年至 1965 年路易·阿尔都塞作品的出现，才标志着法共内部知识分子的论辩水平发生了决定性变化。在法国共产主义组织框架内部，第一次明确阐述了一个重要的理论体系，这一体系所拥有的力量和独创性甚至连它最坚决的反对者也不得不承认。1965 年以后，阿尔都塞的影响在法共内外都得到了迅速传播，赋予阿尔都塞在法共历史上独一无二的地位。[24]然而，这种支配地位的悖论之处在于：它的发展与法国共产党自身的政治演变格格不入。1960 年代西方共产主义已呈现出一种明显的温和主义，这实际上已在法共争取法国"先进民主"的党纲中得到了最为成熟的表露；在国际上，法国共产党则是以它在中苏冲突事件中所表现出来的对中国的敌视和对俄国立场的拥护程度而扬名的。相比之下，阿尔都塞自我标榜他的作品是明确反人道主义的，当时法共的官方学说则正在把人道主义伦理原则吹捧为建立先进民主过程中同契约各方（共产党人、社会党人、天主教人士）进行合作的共同纽带，而当时苏联共产党也正在把"一切为了人"作为一个群众性口号加以宣扬。与此同时，阿尔都塞几乎不加掩饰地表达了他对中国的同情。于是，在法共内部，理论与政党的关系再次出现了大逆转：之前，党喋喋不休地用"正统观念"来反对理论上的"自由主义倾向"；如今，各自的角色反转了，理论无声地主张严肃对待党内的松弛作风。然而，在新的形势下，正是法共的自由化消除了其盟友与伙伴的疑虑，加之阿尔都塞本人的谨小慎微，从而避免了任何正面冲突的发生。就此而言，阿尔都塞在法共党内的地位，与1956年苏联干涉匈牙利之后卢卡奇在党内的地位变得十分相似。无论是卢卡奇还是阿尔都塞，作为在个人经历上与共产主义运动有着密切联系的重要知识分子，他们都拒绝离开党或者与党决裂，并与党达成一个策略性默契：只要他们的理论著述能够相对保持原样（不论其最终实际意义如何），他们就对政治保持适当的沉默。这种相互妥协的可行性的先决条件是每位理论家都拥有相当崇高和独立的威望，从而有可能使党与他们保持策略上的共处，这符合党组织的利益。但这种暧昧联结所固有的张力依旧明显：对阿尔都塞来说更是如此，因为在法共内部缺乏强制约束。

在解放后的意大利，马克思主义以惊人的速度得到了广泛传播：无论是意大利共产党，还是意大利社会党，抑或没有组织起来的广大知识阶层的成长，其规模和速度都是其他任何一个欧洲国家所无法比拟的。加上二战后历史唯物主义在法国的接受，1945年以后欧洲马克思主义文化的轴心已经从日耳曼地区转移到了拉丁地区，这在20世纪尚属首次。不过，在随后的20年间，意大利马克思主义与法国马克思主义走上了截然不同的发展道路。意大利拥有本土马克思主义传统——这可以回溯到19世纪晚期的恩格斯时代。拉布里奥拉的工作被下一代的蒙多尔福继承和延续，作为另一位前黑格尔派哲学家，蒙多尔福转而又对葛兰西这一代产生了直接影响。[25]然后，法西斯主义的长间奏催生了葛兰西本人的狱中著述——这些著述于1947年至1949年间被首次发现并陆续出版。它们无论是在意大利共产党自身之内还是在意大利共产党之外的广大范围内都产生了深远影响。这样，意大利本土马克思主义传统的存在——在葛兰西所从事的伟大工作中达到顶峰——帮助意大利共产主义幸免于冷战最极端的破坏：日丹诺夫主义在意大利共产党内受到了比在法国共产党内更大规模的抵制。意大利共产党的领导集体，大部分仍由葛兰西的同代人和同事所组成，他们缓和了共产党和工人党情报局（Cominform）时期典型的极端文化压制，允许在组织内拥有一定的思想表达自由，条件是不与党的政治活动发生纠葛。另一方面，具有讽刺意味的是，葛兰西去世后被追封为圣者的做法，反而扼杀了他留给意大利马克思主义的理论遗产的活力：葛兰西的形象变成了党的官方意识形态圣像，在任何一种公开场合都要加以膜拜，他的实际著述却被篡改或忽略——在第二次世界大战结束后的25年里，意大利共产党甚至没有出版过一部葛兰西著述的严肃考证版。这样，混杂在《狱中札记》周围的熏香和灰尘气味，终于导致了一个意想不到的结果：第二次世界大战后在意大利马克思主义内部发展起来的最重要的理论倾向，竟然表现为一种对从拉布里奥拉到葛兰西的整个哲学渊源的反动。

这一新学派的缔造者，就是哲学家加尔瓦诺·德拉·沃尔佩。德拉·沃尔佩于1944年加入意大利共产党，1947年至1960年间出版过一系列有影响力的著述。如同二战前绝大多数意大利学术界知识分子一样，德拉·沃尔佩曾与法西斯主义有过妥协。鉴于他在巴多格里奥政变（Badoglio coup）后紧跟意大利共产党，从而使他的这段不光彩经历在形式上得到宽恕，但他的这段过往历史还是剥夺了他在党内获得任何政治权威的资格。德拉·沃尔佩曾一度接受墨索里尼的"国家公司化"观点并为之辩护，他的这一人格特质随后又使他倾向于一贯遵循意大利共产党领导层的政策。这样，尽管德拉·沃尔佩的理论取向与意大利共产党的正统主流观念明显背道而驰，他本人的著述却缺乏任何独立的政治见解。他是党内最著名的专业哲学家，但在许多方面又都处于最边缘化的境地。德拉·沃尔佩在意大利共产党内的20年间，与意大利共产党没有发生过任何严重摩擦，同样地，党的文化机构也很少给予他什么礼遇。不过，在他的影响下，还是出现了一批青年知识分子，这些青年知识分子构成了意大利共产党内条理最清晰、著述最丰富的学派，这些人包括皮埃特拉奈拉、科莱蒂、罗西、默克尔、塞罗尼等。其中最有才华、最具锋芒的人物当属科莱蒂——他于1950年在二十多岁时加入意共。苏共二十大和匈牙利十月事件后，意大利共产党的理论刊物《社会》（Società）于1957年扩大了编辑部阵容，吸收了德拉·沃尔佩和皮埃特拉奈拉等人，科莱蒂在1958年也加入进来。在这一时期，该学派的哲学论题在这批人中的某些年轻成员身上开始具有政治寓意。特别是，在哲学上坚持"决定论的科学抽象"的重要性——这是德拉·沃尔佩著述的典型特征，意味着有必要按照"纯粹的"发达资本主义范畴分析意大利社会，相应地，意大利工人阶级要在发达资本主义内追求"先进的"政治目标。这显然与意大利共产党的正统观念不同，后者强调意大利社会历史的落后和混合特征，从而只能提出有限的"民主的"而非社会主义的要求，因为这在政治上更适合于意大利。[26]《社会》杂志内部的理论紧张气氛最终导致意大利共产党于1962年初强制停刊，紧接其后，在党的周刊《再生》（Rinascita）上爆发了一场全面的哲学论战——这场论战是以谴责德拉·沃尔佩学派开始的，科莱蒂对此作出了尖锐回应。两年后，由于对1956年以来苏联共产党或西方共产党内部都没有实行任何真正民主化的现象感到不满，科莱蒂退出了意大利共产党。[27]此后10年，科莱蒂的主要著述，都是在组织框架以外创作的。

因此，正如萨特后来所宣称的那样，1924年至1968年间，马克思主义并没有"停顿"，而是沿着一条离开一切革命政治实践的永无止境的曲折道路前进的。这两者之间的脱节，是由整个历史时代所决定的。马克思主义在欧洲的命运，其最深的根源在于1920年以后没有发生过任何大革命高潮（西班牙、南斯拉夫和希腊等欧洲文化的外围地区除外）。它的命运也与作为十月革命遗产正式继承者的各国共产党的斯大林化所产生的后果密不可分，这导致实际上在缺乏革命风暴的情况下在政治领域内是不可能产生任何真正的理论著述的，反过来革命风暴的缺乏阻碍了理论著述的产生。因此，西方马克思主义作为一个整体，其隐性特征在于，它是一个失败的产物：社会主义革命在俄国以外地区的传播的失败，以及它在俄国内部产生腐败的原因和后果，是这一时期西方马克思主义整个理论传统的共同背景。西方马克思主义的重要著作，毫无例外地都产生于政治孤立和政治绝望之中。《历史与阶级意识》（1923）是卢卡奇在流亡维也纳期间写的，那时正值匈牙利公社遭受镇压以后的白色恐怖猖獗时期。《狱中札记》是葛兰西在得胜的法西斯主义决定性地镇压了意大利工人阶级运动以后，在巴里附近的监狱中写的。法兰克福学派的两部最重要的著作，也是在二战后西德和美国处在政治上最反动的时期出版的：阿多尔诺的《最低限度的道德》（1951）是在西德正式开启取缔德国共产党的进程那一年出版的；而马尔库塞的《爱欲和文明》（1954）则是麦卡锡主义在美国变得歇斯底里期间发表的。在法国，萨特的《辩证理性批判》（1960）是在1958年"戴高乐政变"成功之后发表的，当时正值阿尔及利亚战争高潮时期，法国共产党领导下的法国工人阶级大众在此时陷入麻木不仁和死气沉沉的状态，而法国秘密军组织（OAS）还对那些积极抵制战争的少数个人实施了恐怖袭击。也正是在这些年里，阿尔都塞开始发表他最初而又最有创见的研究成果：《矛盾与多元决定》（1962）是其中最为重要的一篇文章，它的发表与第五共和国独裁主义的总统直接统治的确立以及全面政治巩固不谋而合。工人斗争和社会主义所经历的连续不断的政治失败，不可避免地对同期所形成的马克思主义的性质产生了深远的影响。

与此同时，第三国际所造成的各国共产党的斯大林化——从1920年代晚期开始形成的组织官僚化和对于苏联政策的意识形态依附，给西方马克思主义进一步打上了独具特色的烙印。如上文所述，第二次世界大战的结局，标志着作为欧洲的一种活跃文化的马克思主义，在地理格局上发生了显著位移：在西德，共产主义作为一股鲜活的力量实际上已不复存在；在法国和意大利，则出现了群众性的并占据主导地位的共产党组织。这些差异化情境导致在有关地区对如何使马克思主义理论与无产阶级政治相联系这一问题作出了不同的回答，但是并未解决这一问题。不论是正式参加工人阶级政党（卢卡奇、德拉·沃尔佩、阿尔都塞），退出工人阶级政党（列菲弗尔、科莱蒂），与工人阶级政党进行友好对话（萨特），或是明确断绝与工人阶级政党的任何联系（阿多尔诺、马尔库塞），都同样没有能够将马克思主义理论与群众斗争相结合。对这些理论家来说，无论接受与否，官方共产主义运动代表着与有组织的社会主义政治相联系的核心或者说唯一一极。在这种关系框架下，有两种明确的选择可供接受：第一个选择是，理论家们可以加入一个国家的共产党并遵守其严格的纪律。在这种情况下，理论家们可以同国内工人阶级的生活保持某种名义上的接触（无论如何，党必然要与工人阶级建立联系），还可以与马克思列宁主义经典文本至少保持一种文献学上的连续性（经典著述研读在党内是强制性的）。而以这种方式接近（虽然只是相对接近）工人阶级的日常斗争现实，其代价就是对工人阶级斗争的实际情况保持缄默。在这一时期，在一个大众化的共产党内部，任何一个没有融入领导层的知识分子（或工人），都不能对重大政治议题发表哪怕是微不足道的独立见解，除非以极其隐晦的方式。卢卡奇和阿尔都塞就是作出这一选择的典范。相反的选择是游离于任何党组织之外，作为一名自由知识分子。在这种情况下，他们在政治表达形式上就不会受到任何制度控制了；但是反之，他们也不可能在社会阶级内部有立足之地了，马克思主义的理论著述只有为这一社会阶级的利益服务才拥有终极意义。萨特和马尔库塞以不同的方式成为这一立场的代表。在介入国际社会主义事业方面，萨特保持着无人能比的个人纪录——他写了很多重要文章，这些文章论及法国、匈牙利、阿尔及利亚、古巴、刚果、越南和捷克斯洛伐克等国家，但他既对马克思主义经典传统缺乏任何深切的了解，又没有对本国工人阶级运动产生任何影响。马尔库塞则深谙早期马克思主义思想传统，并以隐晦的方式写了两部论及美国和苏联的长篇大作（《单向度的人》和《苏联马克思主义》），发展出了一种事实上根本否定产业工人阶级具有任何积极社会主义潜力的理论。最后一种选择是既不参加任何党派组织，也完全不谈政治。阿多尔诺在二战后的西德就是采取的这种姿态。

　　这一困境所造成的后果就是，西方马克思主义有意闭口不谈历史唯物主义经典传统中最核心的领域：对作为一种生产方式的资本主义经济运行规律的考察，对资产阶级国家的政治机器以及推翻资产阶级国家所必需的阶级斗争策略的分析。葛兰西是这一规则的唯一例外，这正是他的伟大之处，他也因此不同于西方马克思主义传统中的其他所有代表人物。这是合乎逻辑的，因为只有在他身上才体现了理论与实践的革命统一，亦即界定马克思主义经典遗产的那种类型的统一。1919年至1920年意大利的工人暴动经验和1924年至1926年在意大利共产党内部的组织领导经验，始终是葛兰西思想的创造性源泉。长期的牢狱生活，使他得以免于遭受意大利以外的思想斯大林化所造成的戕害，与此同时也慢慢扼杀了他的身体健康。葛兰西的著作揭露了阶级斗争的破坏性和局限性，他的这些著述正是在阶级斗争中诞生的，同时也揭露了他被监禁时的物质环境。葛兰西之后，西欧再也没有任何一位马克思主义者能拥有同样的造诣。理论工作的活动余地被压缩到在两个狭隘的选项中作出抉择：要么是制度服从，要么是个人孤立，这使得历史唯物主义和社会主义斗争之间丧失了建立任何一种动态联系的可能性，也阻碍了经典马克思主义重要主题的直接发展。在欧洲各国共产党内部，所有关于战后帝国主义经济、西方国家制度以及阶级斗争战略实施的讨论，都被严格控制在官僚组织的上层范围，这些官僚组织的上层本身受制于对苏联官方立场的绝对忠诚。在有组织的共产主义行列之外，在广大工人阶级内部，不存在任何显而易见的可供立足之处，从这一立足点出发以便产生任何一种可以理解的革命分析或革命策略——要么是因为共产党在当地无产阶级中占据支配地位（法国和意大利），要么是因为无产阶级对改良主义的忠诚占有压倒之势（德国和美国）。在法西斯主义和第二次世界大战的双重经历中形塑而成的一代理论家，对于这种双重经历保持了一种麻木不仁的状态：他们要么对整个工人阶级丧失信心（没有参与过抵抗运动的德国人），要么就不分青红皂白地将无产阶级等同于它的共产主义代表（经历过抵抗运动的法国人或意大利人）。或许值得一提的是，我们此处讨论的这一群体中最年轻的一员科莱蒂，唯一一位主要在法西斯主义和国内抵抗运动之后才成熟起来的成员，也可能是这一传统内唯一一位被证明有能力——自脱离意大利共产党之后——就战后时期的政治和经济问题开展既具思想自由又具专业严谨性写作的理论家。[28]但是，即便是科莱蒂的贡献也主要在于对经典论战的历史作一些阐释性的摘要重述罢了，而没有就这些论战本身作出实质性的创新。第二次世界大战后的二十多年里，西方马克思主义就原创性经济理论或政治理论本身而言的思想印记——以在这两个领域中发表的主要著述观之——实际上是一片空白。

以法西斯主义的后续效应或者战后对于共产主义的压制为代表的制度封锁，决不是造成在西欧范围内马克思主义理论在经济和政治领域了无生气的唯一原因。因为，这同时也是一个在整个先进工业世界资本获得空前巩固的时代。1950年代至1960年代的长期繁荣所带来的全球活力超越了此前资本主义历史上的任何一个时期。这一时期出现的普遍大规模经济增长，事实上开辟了生产方式本身发展的一个新阶段，这明显打破了有关资本主义即将衰退或者面临危机的经典预言，从而提出了有待科学分析的崭新问题。马克思主义政治经济学传统终结于斯威齐发表于1942年的《资本主义发展理论》，由于凯恩斯主义对美国经济的改造取得了明显成功，这一传统在斯威齐这本书的结尾处实际上已经成了过去。20年后，当斯威齐和巴兰合著的《垄断资本》重新回到这一主题时，正统马克思主义的经济学范畴框架已被他们丢弃得差不多了。[29]帝国主义在大西洋和太平洋地区的生产力扩张的规模，天然对历史唯物主义的发展提出了严峻的理论挑战：西方马克思主义传统却从未全面肩负起迎接这个挑战的使命。[30]与此同时，第二次世界大战也促使基于普选权的代议制民主，作为一种规范的和稳定的国家结构，在资产阶级的统治历史上第一次在所有主要资本主义国家（西德、日本、法国、美国、英国、意大利）建立起来。作为一种持久而又统一的国际体系，盎格鲁—撒克逊世界却常常忘记这种政治秩序的新颖性，因为它在英国和美国已经拥有较为久远的本地传统。[31]可以断定的是，在经典马克思主义内部缺乏任何一种重要的或者有说服力的对于资产阶级民主国家的理论化尝试：资产阶级民主国家从来没有成为马克思或者列宁任何重要著作的阐述对象，马克思没有活着看到资产阶级民主国家变为现实，而列宁的敌人则是沙皇俄国那种迥然有异的国家类型。这样，在战后 20 年的时间内，在建构一种能够把握和分析代议制民主——作为一种成熟的资产阶级政权形式——的性质和机制的政治理论的过程中所涉及的问题，并不亚于世界资本主义经济的快速发展所引发的问题。这些问题在西方国家的主流马克思主义著作中，同样被忽略了。

注释：

[1] 马尔库塞于 1979 年去世。《西方马克思主义探讨》初版于 1976 年，当时马尔库塞尚未去世，故未标注卒年。下同。——译者注

[2] 列菲弗尔于 1991 年去世。——译者注

[3] 萨特于 1980 年去世。——译者注

[4] 阿尔都塞于 1990 年去世。——译者注

[5] 科莱蒂于 2001 年去世。——译者注

[6] 卢卡奇是一名银行家的儿子；本雅明是一名画商的儿子；阿多尔诺是一名酒商的儿子；霍克海默是一名棉纺主的儿子；德拉·沃尔佩是一名地主的儿子；萨特是一名海军军官的儿子；科尔施和阿尔都塞是银行经理的儿子；科莱蒂是一名银行职员的儿子；列菲弗尔是一名官僚的儿子；戈德曼是一名律师的儿子。葛兰西是唯一成长于真正贫困的环境之中的，他的祖父曾经当过警官，他的父亲原来是一名小公务员，因贪污坐牢而毁了前程，致使整个家庭在后来遭受了很多艰难困苦。

[7] 德国西南部在西方马克思主义传统中作为一个突出的文化地区似乎起到了重要作用。阿多尔诺和霍克海默是当地人，卢卡奇和马尔库塞是在那儿受的训练。海德堡和弗莱堡之间自从第二帝国时期以来就有着密切的哲学上的联系。至于本雅明的亲法倾向，可以看看他早在 1927 年时说过的话："在德国，我沉浸于自己的兴趣和工作，在同辈人中感到相当孤独。而在法国，有许多势力……在这些势力中我看到我关心的事在进行着。"参见《启迪》（*Illuminations*, London 1972, p. 22)。

[8] 任何世代划分都必须基于大约 20 年的间隔，显然问题在于要了解在任何一个时代的生命发展的生物学长河里有关的历史断层定位在哪里。在这里没有篇幅充分地探讨这个问题。然而，在这方面，关键的分界线已由当代一系列政治动荡相当清楚地划定了。

[9] 西班牙的情况无论如何是一个重大的历史之谜。为什么西班牙从未产生过一

个拉布里奥拉或是葛兰西呢？——尽管那里的无产阶级和农民特别具有斗争性，比意大利的无产阶级和农民的斗争性有过之而无不及，尽管西班牙19世纪的文化遗产肯定比意大利要少，但绝不是微不足道的。对这个复杂的问题必须进一步作大量研究。解决这个问题，将成为更广泛地分析作为一种理论的历史唯物主义产生条件和发展条件的关键。在这里或许只需指出：就有关文化遗产的问题而论，极为明显的是，当克罗齐于1890年代在意大利研究和宣传马克思的著作时，在西班牙最可与之比拟的知识分子乌纳穆诺也同样转向了马克思主义。与克罗齐不同，乌纳穆诺于1894年至1897年就积极参与了西班牙社会党的组织工作。然而，克罗齐所从事的有关历史唯物主义的研究对于马克思主义在意大利的发展产生了深远的影响，乌纳穆诺的研究却没有在西班牙留下任何痕迹。意大利人的博览广闻与西班牙人的小品随笔形成了鲜明对照，这肯定是这两段插曲产生不同结果的原因之一。乌纳穆诺远非一位思想家。更一般地说，他的局限性表明在西班牙更严重缺乏一种重要的系统哲学思维传统——这种东西在西班牙文化中，无论其文学、绘画或音乐技巧有多么高超，从文艺复兴时期到启蒙运动时期就一直缺乏。也许正是因为缺乏这和催化剂，因而阻碍了在20世纪的西班牙工人运动中出现哪怕一本知名的马克思主义著作。这或许也有助于解释为什么在拥有本土经验主义传统（这一传统在1900年以后突然被急剧强化）的英国在产生出卓越的史学文献大全的同时，马克思主义却令人好奇地没有发展出一套常规的理论体系。要想在任何一种特定的国家形态中，在其复杂的社会综合体内部，产生一种生动的马克思主义，就必须有哲学要素的存在。当然，这一哲学要素的重要性，恩格斯已经大力强调过了。意识到这一点，也就不会苛责在后面将会述及的欧洲其他地方的西方马克思主义中为什么哲学占据主导地位了。没有必要抑制这种主导地位。

[10] 关于科尔施的这一段人生轨迹，参见海达·科尔施：《卡尔·科尔施回忆录》（Hedda Korsch, Memories of Karl Korsch, *in New Left Review*, No. 76, November-December 1972, pp. 42-44）。

[11] 参见所谓《布鲁姆提纲》（根据卢卡奇的秘密化名）的一些关键段落，载格奥尔格·卢卡奇：《政治论文集 1919—1929》（Georg Lukács, *Political Writings 1919-1929*, London NLB 1972, pp. 240-251）。

[12] 参见朱塞佩·菲奥里：《安东尼奥·葛兰西》（Giuseppe Fiori, *Antonio Gramsci*, London NLB 1970, pp. 249-258）。

[13] 参见马丁·杰伊：《辩证想象》（Martin Jay, *The Dialectical Imagination: A History of the Frankfurt School and the Institute of Social Research, 1923-1950*, London Little Brown 1973, pp. 11-17）。

[14] 杰伊：《辩证想象》（Jay, *The Dialectical Imagination*, p. 26）。

[15] 参见《明镜》（*Der Spiegl*）周刊1970年1月6日对他进行的访谈。

[16] 有关这一群体的背景材料，参见亨利·列菲弗尔所著的《总结和其他》（Henri Lefebvre, *La Somme et Le Reste*, Paris 1959, pp. 389-414）。

[17] 《心理学基础批判》（Georges Politzer, *Critique des Fondements de la Psychologie*, Paris 1928）。波利策在青年时代就已经历过匈牙利公社，这说明他与中欧马克思主义有着某种微弱的联系。

[18] 参见尼让再版的《阿拉伯亚丁》（Paul Nizan, *Aden Arabie*, Paris 1960）中萨特的生动论文。两人是亲密朋友。

[19] 有关这段插曲，参见列菲弗尔《总结和其他》（*La Somme et Le Reste*, p. 47）中的自传性叙述。

[20] 参见本雅明的文章《爱德华·福克斯——收藏家与历史学家》（Eduard Fuchs, der Sammler und der Historiker, in *Angelus Novus*, Frankfurt 1966, pp. 326, 341）。本雅明在巴黎的交往构成一个重要的有待研究的课题。

[21] 科耶夫第二次世界大战前的课程讲稿最终于1947年以《黑格尔讲稿导读》（*Introduction a la lecture de Hegel*）为名结集出版。亚历山大·科耶夫（Kozhevnikov, 科热夫尼科夫）1902年出生于俄国，1921年至1927年在德国学习哲学，深受雅思贝尔斯和海德格尔的影响。后来移居法国，在那里，另一位俄国流亡者亚历山大·科瓦雷使他对黑格尔发生了兴趣，科耶夫从1934年至第二次世界大战期间接替科瓦雷在高等研究实践学院（École Pratique des Hautes Études）讲授黑格尔。

[22] 新近有英译本出版（*The Communists and Peace*, London 1969）。

[23] 奥古斯特·科尔纽：《卡尔·马克思和弗里德里希·恩格斯》（Auguste Cornu, *Karl Marx et Friedrich Engels*, Paris 1955-1970）。迄今已出版四卷，涵盖时段截至1846年。

[24] 阿尔都塞的两部主要著作《保卫马克思》（*Pour Marx*）和《读〈资本论〉》（*Lire Le Capital*）在1965年的几个月内相继出版。

[25] 关于蒙多尔福所起的作用，参见克里斯蒂安·利谢尔斯：《安东尼奥·葛兰西：意大利的马克思主义》（Christian Riechers, *Antonio Gramsci. Marxismus in Italien*, Frankfurt 1970, pp. 21-24）。

[26] 参见弗朗哥·卡萨诺编辑的《意大利马克思主义与哲学》（Franco Cassano, ed., *Marxismo e Filosofia in Italia*, Bari 1973, pp. 7-8, 14-19, 180-181）。这部著作包括关于1950年代和1960年代意大利共产党内的重大理论论辩的文章，包括下面要谈到的1962年论战。

[27]〔关于这一段历史，现在可以参见科莱蒂自己所作的叙述（《一次攻治和哲学访谈》，载《新左派评论》，第86期，1974年7—8月，第3—9页）。这篇著名的文章对于本书所讨论的全部理论和政治问题都具有极端重要性，文章中的某些结论，实际上与本书提出的某些论点是相似的，尽管它们各自论据的可靠程度不同，这是很自然的事情。西方马克思主义传统内部再也没有其他任何一位重要的思想家像科莱蒂那样把它的本质和局限性揭示得如此清晰。当然，也没有任何理由肯定科莱蒂会赞同本书中的许多具体论点和判断。〕

[28] 尤见他发表在《新左派评论》上的论文《斯大林问题》（The Question of Stalin, *in New Left Review*, No. 61, May-June 1970）；以及他为纳波莱奥尼及其本人合编的《资本主义的未来：崩溃还是发展？》一书所写的"导言"（Introduction, in C. Napoleoni and L. Colletti, eds., *IL Futuro del Capitalismo – Crollo O Sviluppo?* Bari 1970, pp. LXXI-CXII）。

[29] 巴兰和斯威齐对作为马克思《资本论》奠基石的"剩余价值"概念的放弃，是众所周知的。然而，《垄断资本》（Paul A. Baran and Paul M. Sweezy, *Monopoly Capital: An Essay on the American Economic and Social Order*, New York 1966）与其说是以开展直接批判的方式去考察和反对诸如"剩余价值"或"资本的有机构成"等概念，不如说是心照不宣地从这些概念转向通常是源自某种凯恩斯主义的更为隐晦的类比。正是在这个意义上，这部著作已经在很大程度上游离于经典马克思主义的术语和程序之外了。有必要指出的是，巴兰在法兰克福社会研究所的环境中度过了其思想趋于成熟的一年（1930），《垄断资本》的后几部分表露出了巴兰受到法兰克福社会研究所环境影响的明显迹象。至于斯威齐，他新近强调说，他并不认为《垄断资本》里的"剩余"概念与《资本论》里的"剩余价值"概念是相抵触的。参见他对此所作的明确陈述（*Monthly Review*, January 1974, pp. 31-32）。总体说来，自《垄断资本》发表以来（巴兰在该书发表不久前去世），斯威齐在《每月评论》上对美国资本主义所作的分析，在措辞上变得更为正统了。

[30] 波兰人米哈尔·卡莱斯基（Michal Kalecki）神秘莫测的职业生涯，或许代表了这一时期欧洲马克思主义对于先进资本主义的重大变革最为深切的参与。卡莱斯基1899年生于罗兹（Lodz），接受的是工程师教育，在经济学方面没有受过任何正规训练。他早于凯恩斯《就业、利息和货币通论》两年于1933年发表的《商业周期理论》（*Essay on the Business Cycle Theory*）就已提前预见到了凯恩斯的绝大部分思想。1935年，他经瑞典移居英国，后因在《政治季刊》1943年第4期发表《充分就业的政治面向》（The Political Aspects of Full Employment, in *The Political Quarterly*, 4, 1943）一文而成为西方国家预言战后反周期需求管理模式的第一位经济学家。1955年，他

返回波兰，直到1970年去世前不久，他一直在大学和政府规划部门担任职务。卡莱斯基的作品之所以模棱两可，当然源于同马克思主义之间关系的不确定性。为此，有必要对他的个人生平作进一步研究。在1930年代实行军事半专制主义的波兰，卡莱斯基为数家社会主义期刊匿名撰稿，似曾因"卢森堡主义"而受到波兰共产党的批判（由于他对有效需求和投资水平问题的成见）。在英国和美国，他的著作——从未被列入经典马克思主义范畴——被视为一种左翼凯恩斯主义。这些都有待作出最终的结论。鉴于卡莱斯基的成就，存在这样一个问题，即20世纪是否存在一种专门的波兰马克思主义经济学传统——这个传统源于卢森堡，而格罗斯曼、莫茨科夫斯卡和卡莱斯基或许以不同的方式拐弯抹角地都隶属于这一传统。

[31] 在英国本土，普选权只是从1929年才出现的。法国、意大利和日本，在1945年才首次实行普选。

第三章　形态转换

　　随着欧洲马克思主义越来越不把经济或政治结构作为其理论关注的中心问题，它的整个重心从根本上转向了哲学。从卢卡奇到阿尔都塞，从科尔施到科莱蒂，整个西方马克思主义传统中最引人注目的事实就是：专业哲学家在其中占据了压倒性优势。从社会角度来看，这一变化意味着新时代产生的理论在学术上的地位日益提高。第二国际时期，卢森堡和考茨基曾一致蔑视那些在大学中任教而没有履行党的义务的讲坛社会主义者（Kathedersozialisten, professorial socialists）。第一次世界大战之前的那一代马克思主义知识分子，从来没有被整合进中欧或东欧的大学体制。他们所代表的理论与实践的政治统一形式，是与任何学术职位格格不入的。相反，作为战斗生活的活动之一，他们都在党校或工人义务学校中任过教：希法亭和卢森堡在柏林的社会民主党党校里教过政治经济学，列宁和梁赞诺夫在巴黎附近的隆格瑞莫（Longjumeau）党校给布尔什维克工人作过讲座，鲍威尔则在维也纳的奥地利社会民主党（ÖSPD）总部开过课。西方马克思主义的第一批理论家仍然践行着这一传统模式：第一次世界大战期间，卢卡奇曾在激进的布达佩斯伽利略学术圈（Galileo Circle）任教；1920年代，科尔施曾在柏林的卡尔·马克思实验学校讲课。法兰克福社会研究所虽然是一家独立的研究机构，却隶属于地方国立大学，它的创立，成为西方马克思主义在魏玛共和国过渡阶段的标志。第二次世界大战结束后，欧洲马克思主义理论实际上已完全转移到了大学里——大学既是远离外界政治斗争的避难所又是流亡地。在这一时期，卢卡奇、列菲弗尔、戈德曼、科尔施、马尔库塞、德拉·沃尔佩、阿多尔诺、科莱蒂和阿尔都塞等，全都拥有教授级别的大学教席[1]；萨特先是进入大学，后来以作家身份获得成功后又离开了大学。他们担任教职的学科全都是哲学，无一例外。

马克思主义理论的主要关注点由经济学和政治学转向哲学，它的正式讲习场所也由党的集会转向大学院系，促使这一切发生的外部决定因素，已经被铭刻在这一时期的灰暗历史中。然而，倘若在马克思主义文化本身之中没有一种强有力的内在决定因素同时起作用的话，这一转换也决不可能发生得如此普遍和如此彻底——此间，马克思最重要的早期著述1844年《巴黎手稿》迟来的发现，是一个决定性事件。《巴黎手稿》于1932年在莫斯科首次公开发表。由于1933年纳粹主义在德国的胜利（德国很有可能是当时最为欢迎这些手稿的国家）以及1934年在俄国开始的清洗运动（梁赞诺夫本已准备好把《巴黎手稿》收录在他主持的马克思恩格斯著作集历史考证版里，但就在手稿出版之前他被开除出莫斯科马克思恩格斯研究院），削弱了《巴黎手稿》的直接影响。无论如何，《巴黎手稿》分别给当时的三位思想家留下了深刻而持久的印象：卢卡奇流亡莫斯科期间，曾于1931年在梁赞诺夫的指导下，亲自参与辨认过那些手稿。据他自己所述，这段经历永久地改变了他对马克思主义的理解。[2]在柏林，马尔库塞于1932年在《社会》杂志上撰文欢迎《巴黎手稿》的公开出版，文章一开始就高调宣称《巴黎手稿》为"整个'科学社会主义'理论提供了一个新的基础"；马尔库塞还特别强调说，《巴黎手稿》表明历史唯物主义的哲学基础在马克思各个阶段的著述中都是至关重要的。[3]在巴黎，列菲弗尔负责将《巴黎手稿》第一次译成外文——《巴黎手稿》的法文译本是列菲弗尔同古特曼合作完成的，于1933年出版。列菲弗尔在1934年至1935年间所写的《辩证唯物主义》[4]一书，则是基于《1844年经济学哲学手稿》把马克思的著述作为一个整体进行新的重构的第一部重要理论著作。不过，马克思早期著述的发现以及将这些早期著述并入马克思的思想轨迹之中所产生的全部影响，只是到了第二次世界大战之后的时期才在同时代的马克思主义范式中得以体现。在意大利，德拉·沃尔佩以在1947年至1950年间第一次用意大利文翻译和讨论新发现的青年马克思文献——不仅仅是《巴黎手稿》，而且尤其是《黑格尔法哲学批判》——开启了他的历史唯物主义的理论研究。[5]整个德拉·沃尔佩版本的马克思主义——后来激发产生出了一个大的学派——依托于对马克思早期哲学著述的特定选择和解释，尽管这种选择和解释与卢卡奇、马尔库塞或列菲弗尔存在很大的差异性。在法国，自解放之后在很大程度上也是新发现的青年马克思文献，把梅洛-庞蒂和萨特吸引进马克思主义阵营：萨特第一次探讨马克思主义理论问题——《唯物主义与革命》（1947）——的主要进路实质上正是诉诸《巴黎手稿》的权威性。[6]马克思早期哲学著述的影响，是在1950年代后期达到高峰的。当时，马克思早期哲学著述中的主题已经在整个西欧得到最为广泛的传播，以至于即便最初有人坚决拒绝将这些文献视作历史唯物主义的构成要素——阿尔都塞的初期论文——也依然不得不把它们视为在同时代马克思主义内部开展任何论述的出发点。[7]即便遭遇否定，马克思的早期著述还是界定了初始论域。而且，在这里，这种对马克思早期著述的否定方式，仍然受制于马克思主义罗经点的长远调整，而马克思早期著述的发现使得这种调整成为可能。阿尔都塞的实证理论——反对先前基于马克思的早期哲学著述而对马克思所作的解读——继续处于一个马克思早期著述出现之前从未达到过的专业哲学层面之上。

　　西方马克思主义作为一个整体因此矛盾地颠倒了马克思本人的思想发展轨迹。作为历史唯物主义的创始人，马克思思想的核心领域不断从哲学转向政治学然后又转向经济学；而1920年以后涌现的马克思主义传统的继承者们，却不断地从经济学和政治学转回到哲学——放弃了直接涉及成熟马克思所极为关切的问题，其决绝程度几乎同马克思当年放弃自己青年时期所探索的散漫问题时一样彻底。在这一意义上，历史的车轮似乎又回到了原点。当然，事实上这种简单的颠倒是不会也不可能发生的。马克思本人的哲学事业，首先是清算黑格尔及其在德国的主要继承者和批判者，特别是费尔巴哈。马克思思想的理论对象，实质上是黑格尔体系。事实上，相较之下，西方马克思主义的主要理论对象变成了马克思本人的思想自身——尽管在西方马克思主义内部也卓有成效地复兴了黑格尔研究。当然，有关马克思本人思想的讨论，从来没有仅仅局限于其早期哲学著作。马克思大量的经济学和政治学著述排除了这一点。但马克思的全部著述却被视为典型的原始资料，从中哲学分析可以提炼出借以系统化地使用马克思主义去认识（和改造）世界的认识论原则——马克思本人从未明确或充分地提出过这些原则。没有一个西方马克思主义哲学家曾声称历史唯物主义的主要的或最终的目的就是一种认知理论，但几乎他们中的所有人都共同假定，马克思主义理论研究的初始任务，就是要析离出马克思所发现的却被淹没在其作品的具体议题之中的社会研究法则，并在必要时完善这些法则。结果就是，相当数量的西方马克思主义著述都成为长篇累牍的讨论，而马克思在其任何发展阶段都没有推崇过方法的首要性。在整个西方马克思主义传统中，认识论主题占据支配地位的程度，可在其主要代表作的题目中窥见一斑：科尔施的《马克思主义与哲学》一开始就订立了基本规范；同年卢卡奇发表的姊妹篇作品中，开篇论文题目就叫《什么是正统马克思主义？》，文章充满自信地总结道，"正统马克思主义"这个词"仅仅是指方法"。[8]从此以后，这一格言在后继圣徒的作品中忠实地再现为一种强迫性方法论主义：这些作品依次被命名为《理性与革命》（马尔库塞）、《理性的毁灭》（卢卡奇）、《作为一门实证科学的逻辑学》（德拉·沃尔佩）、《方法问题》和《辩证理性批判》（萨特）、《否定的辩证法》（阿多尔诺）、《读〈资本论〉》（阿尔都塞）。

这些作品中所展现出的话语的二阶性——关于马克思主义，而非在于马克思主义——导致了另外一个后果。这些著述的写作语言越来越具有专业化特征，也越来越难以理解。在整个这一历史时期内，理论已演变为一门深奥的学科，它所使用的艰深晦涩的高度专业化术语，足以表明其已远离政治。当然，马克思本人的著述，对于他同时代或后世的读者来说，在概念上也并不总是很容易理解的。但他早期的哲学文本和后期的经济学著述（这是马克思全部著述中最难懂的两个部分）最初所使用的术语体系，皆归因于先前存在的理论集合（主要是黑格尔和李嘉图），马克思在自己的著述中，通过创造内涵更明确、更接近物质现实的新概念力图批判和超越它们：更少"实体化"（青年马克思语），更少"神学化"（成熟马克思语）。而且，马克思从不讳言，对于一位读者来说掌握任何一门科学学科都必然困难重重，但他在1848年以后总是设法以尽可能简单明了的方式呈现自己的思想，以便使他为工人阶级量身定制的思想获得最大程度的理解。马克思为此而在《资本论》（第一卷）的法文译本上所花费的心血，是众所周知的。

相形之下，20世纪大部分西方马克思主义语言的极端艰深晦涩，从未为了与无产阶级读者建立一种直接的或积极的关系而有所收敛。相反，它的语言复杂性大大超越了必要的最小商数，恰恰是这一点成为它与任何大众实践相脱离的标志。西方马克思主义理论的古怪深奥主义，呈现出多样化的形态：卢卡奇的语言繁琐难解，充满学究气；葛兰西则因多年牢狱之苦而形成令人费解的支离破碎的深奥文风；本雅明爱用简短而迂回的格言式文体；德拉·沃尔佩的句法令人捉摸不透，并喜欢反复自我引证；萨特的修辞犹如炼金术士般的新奇词语迷宫；阿尔都塞的用词则充满女巫式的遁词秘语。[9]这些作家中的大部分人本来是可以使用简单明了的语言来进行交流的。他们中有些人，如萨特、阿多尔诺和本雅明，本身就是重要的文学艺术家。然而，在其通常被人念兹在兹的主要理论著作中，他们当中实际上没有一人使用一种平易或直白的语言。个体或主观原因尚不能解释这种司空见惯的集体现象。葛兰西，作为唯一的例外，成为支配理论从经典马克思主义语言中普遍退却的历史规律的象征。《狱中札记》是整个西方马克思主义传统中最伟大的作品，它是由一位工人阶级的革命领袖而不是一位专业哲学家写就的，作者的社会背景比欧洲其他任何一位重要的马克思主义知识分子都要低贱得多，无论是在西欧还是在东欧，无论是在第一次世界大战之前还是在第一次世界大战之后。然而，《狱中札记》中包含了众多词义隐晦的话语，其中有很多即便当代学者也仍然无法弄懂，究其原因在于意大利残酷的审查制度和狱中的艰困条件迫使葛兰西不得不采用大量密码式的隐喻而非连贯性的论述。[10]在阶级斗争中遭遇挫折而导致的身体上的遁世出俗，预示了葛兰西以后的理论家们将以一种孤立隔绝的形象展现在世人面前：虽然比葛兰西更自由，却也更加远离群众。在这个意义上，西方马克思主义语言遭受了一种范围更广的历史审查：社会主义思想同大众革命土壤之间隔绝了几乎长达50年。[11]

　　这一长期的隔离，塑造了西方马克思主义的理论形态，同时也对西方马克思主义带来了另外一种引人瞩目的普遍影响。因为所发生的一切似乎都表明，马克思主义理论与群众实践之间的政治统一的破裂，导致原本应该联结理论与实践的张力不可抗拒地向另外一个轴心发生了位移。由于缺乏革命阶级运动磁极，整个西方马克思主义传统的指针不断摆向当代资产阶级文化。马克思主义理论同无产阶级革命实践之间的源初关系，微妙而持续地被一种新的马克思主义理论同资产阶级理论之间的关系所取代。当然，引发这种重新定位的历史原因，不能简单地归咎于西方群众革命实践的缺陷。毋宁说，发达资本主义国家对社会主义任何进步的阻碍，本身就从根本上决定了资本主义社会内部的总体文化构型。首先，帝国主义成功地重新站稳了脚跟，加上共产主义运动的斯大林化，意味着资产阶级思想的主要部分重新获得了相对于社会主义思想的活力和优势地位。西方资产阶级秩序并没有耗尽它的历史寿命：它能够在两次世界大战中幸存下来，并在其后20年取得空前的经济崛起，这种能力也必然反映在文化变革和文化发展方面。它仍然受到世界上为数最多、训练也最为有素的知识分子阶层的效忠，这些知识分子在一个又一个领域持续取得创造性成果（尽管各国之间存在重大差异）。当然这一成就也有其固有的局限性，这是由资本主义在全球范围内的日渐没落的地位所造成的，在这个时代（1970年代），不管怎样已有三分之一的世界版图挣脱了资本主义的统治。然而，社会主义文化却由于斯大林主义的压制和国际革命囿于欧亚落后地区而蒙受严重损失甚或瘫痪。总体而言，社会主义文化变得越来越虚弱了。1920年之后，马克思主义作为一个整体在诸多学科都不如非马克思主义文化进展迅速。这一严酷的现实，是迫使西欧历史唯物主义作品的特性发生转向的一个主要压力。

因而，西方马克思主义作为一个共同的传统，其最为突出的一个单一特征，或许就是始终接续存在不同类型的欧洲唯心主义并对西方马克思主义持续产生影响。二者之间的内在关系一直是很复杂的：既相互吸引又相互排斥，既有借鉴又有批判。虽然二者之间的准确混合反应因时而异，从1920年代以降至1960年代，其基本范式却一直保持着不可思议的相似性。卢卡奇在写《历史与阶级意识》时，在思想上仍然深受韦伯和齐美尔的社会学、狄尔泰和拉斯克的哲学的影响。尤其是，《历史与阶级意识》的主要范畴"合理化"与"归属意识"来自韦伯；它对于"物化"的论述打上了齐美尔的深刻印记；它对于自然科学的敌视（这在以往所有马克思主义著述中是绝无仅有的）笼统而言则主要受狄尔泰和德国生命哲学（Lebensphilosophie）的影响。[12]葛兰西在很大程度上把《狱中札记》构建为同克罗齐的一场持续不断的对话，以及对克罗齐的系统批判——葛兰西接受了这位当时主导意大利文化舞台的唯心主义哲学家的术语及其所关注的问题，特别是克罗齐对伦理政治史的关注[13]；同时，葛兰西还附带发展了上一代文学批评家德·桑克提斯（De Sanctis）的理念和进路。法兰克福学派的集体著述，从1930年代开始就充斥着弗洛伊德精神分析学的观念和主题，将其作为自身大部分理论研究的组织框架。马尔库塞的重要研究著作《爱欲与文明》，堪称"对弗洛伊德的哲学探讨"，其整个语汇体系中的"压抑"与"升华"、"现实原则"与"表现原则"、"爱欲"与"死欲"等，皆源自弗洛伊德的论域。萨特的情况比较特殊，由于他本人在走向马克思主义之前是法国最著名的存在主义哲学家（存在主义哲学的创立者是海德格尔和胡塞尔），因此他把自己过去的思想以及与众不同的手段和创造，带进了他的马克思主义著述之中。结果就是，《存在与虚无》和《辩证理性批判》之间，在许多观念上都是相通的，比如"事实性"这一概念导致了"匮乏性"，"失真性"导致了"系列性"，"自为与自在"的不稳定性导致了"联合体"的不稳定性，等等。[14]然而，与此同时，萨特最初的存在主义体系中的两大理论来源，仍然在他后来的思想中持续保持着活力：《辩证理性批判》公开出版10年后，萨特发表了他对福楼拜的长篇研究性著述，在这里，依然处处充满着作者对胡塞尔和海德格尔的共鸣和引喻。阿尔都塞的著述，则被认为是公然同其主要前辈——首先是葛兰西、萨特和卢卡奇——之间开展的激烈论战。不过，在他的理论体系中，许多衔接文章脉络的核心术语也是取自于三位迥然不同的唯心主义思想家："认识论断裂"和"问题式"，借用自巴什拉和康吉扬，前者是哲学家，后者是科学史学家，两人都有明显的心理学范式倾向；"症候式阅读"和"离散结构"则来自拉康，一位把弗洛伊德的正统同海德格尔的暗示相结合的精神分析学家；而"多元决定"当然也是直接源自弗洛伊德。[15]这些各各不同的文化关联——它们主导着卢卡奇、葛兰西、马尔库塞、萨特和阿尔都塞的思想面貌——仅是西方马克思主义传统中最重要和最突出的例子。几乎在它所有的代表人物身上，我们都可以找到类似的关联性。[16]皮亚杰的心理学在戈德曼作品中所起的主要作用（在第二次世界大战期间，戈德曼和皮亚杰在瑞士共过事）就是一个典型案例。即使是在严格意义上的西方马克思主义传统框架之外，同样的规律也往往成立，如斯威齐在经济理论上同熊彼特的关系，就是一个佐证。[17]反过来，一个唯心主义思想家的影响可以波及好几个不同的马克思主义理论家。例如，巴什拉不但给阿尔都塞以启迪，他还受到列菲弗尔、萨特和马尔库塞的赞赏，他们分别从巴什拉的著述中得到了颇为不同的教益。[18]特别是弗洛伊德，不但是阿多尔诺和马尔库塞，而且也是阿尔都塞和萨特的共同发现——虽然他们每个人又从截然不同的方向对弗洛伊德的遗产作出了改写或解释。[19]这种与历史唯物主义以外的，且往往与历史唯物主义公然对立的当代思想体系的不断汇合，是在第一次世界大战以前的马克思主义理论中所从未有过的。[20]这也是西方马克思主义本身特殊而明晰的新颖之处。

西方马克思主义传统中的主要理论家，与非马克思主义文化领域中的现代思想家之间的一系列的模式化关系，可以说，构成了西方马克思主义思想的一条横向参考轴。然而，与此同时，西方马克思主义也可以通过一条纵向参考轴辨析出来，它是一个与早期马克思主义传统大为不同的思想体系。它致力于建构一套追溯至马克思之前的哲学世系。在这一点上，西方马克思主义所有主要的理论体系都揭示了同样的自发机制。它们毫无例外地求助于前马克思哲学，去合法化、解释或补充马克思本人的哲学。这种被迫返回前马克思时代去寻找一种先在的观点来解释马克思著述本身意义的做法，再次成为西方马克思主义基本历史处境的启示性标识。如上文所示，哲学家在西方马克思主义传统中初次占据统治地位，是1920年以后的马克思主义文化发生普遍的显著变化的重要表征之一。西方马克思主义如今主张，马克思与西方马克思主义两者之间存在纵向渊源关系，在很大程度上就是因为哲学专业在西方马克思主义内部占有支配地位。我们知道，马克思本人在身后没有留下任何经典意义上的系统的哲学著述：马克思的早期哲学命题遗弃在他本人生前未公开出版的手稿之中，而在他成熟时期，马克思再也没有踏足纯哲学领域。甚至他后来最重要的方法论著述，即《政治经济学批判大纲》的1857年"导言"，也不过是一份纲领性的片断材料，一直是未完稿和未刊稿。对于马克思的直接继承者来说，马克思哲学著述的隐伏性和不完整性，已经因恩格斯后来的相关著述——首先是《反杜林论》——得到了弥补。然而1920年之后，当这些著述中的一些核心主题越来越明显地与自然科学的疑问和发现不相符时，这些著述便受到了普遍的怀疑。实际上，西方马克思主义正是肇始于科尔施和卢卡奇分别在《马克思主义与哲学》以及《历史与阶级意识》中对恩格斯哲学遗产所发起的决定性双重拒斥。从此以后，实际上所有西方马克思主义的思潮——从萨特到科莱蒂，从阿尔都塞到马尔库塞——都共同表达了对于恩格斯晚期著述的厌恶之情。[21]然而，一旦恩格斯的贡献被认为不值一提，那么马克思本人思想遗产的局限性也就比以前更加明显了，对它加以补充也就显得愈发迫切了。为达此目的而在欧洲思想范围内诉诸更早时期的马克思以前的哲学权威，在某种意义上，可以被视为一种理论退却。马克思本人在宣布同其思想前辈决裂时所使用的毅然决然的语句——"哲学家们只是用不同的方式解释世界，而问题在于改变世界"[22]——在西方马克思主义内部反响甚微，决非事出偶然。一方面，西方马克思主义哲学家在法律上已被排除在《关于费尔巴哈的提纲》第十一条所要求的理论与实践的革命统一之外；另一方面，单凭一句话也不可能解决几个世纪以来的思想遗产纠葛。仅仅靠马克思的这句格言本身，就想为历史唯物主义提供一种新的哲学，甚或想对他之前的旧哲学画出一张资产负债表，肯定是不够的。更何况，马克思本人的哲学文化本身也绝对谈不上包罗万象——他基本上沉浸在黑格尔和费尔巴哈的思想中，却并非同样熟谙康德、休谟、笛卡尔、莱布尼茨、柏拉图或阿奎那，更不用说哲学史上的其他次要人物了。所以，就此而言，在年代上回溯到马克思以前，并不一定是哲学上的老调重弹，正是因为马克思本人从来没有直接评价或超越过去所有的伦理学、形而上学、美学，甚至不曾触及古典哲学的诸多基本问题。也就是说，西方马克思主义内部不断试图建立一个可回溯到马克思以前的思想谱系，是存在一定程度的合理性的。事实上，马克思主义哲学本身想取得任何创造性发展，都不可避免地要对马克思本人所忽视或绕过的复杂的认知历史，作一番重新探讨。有鉴于马克思著述本身现有的理论切入点为数太少、范围太窄，进行这样一番重新探讨就显得十分必要了。与此同时，长期求助于前马克思的哲学传统所带来的危险也是不容忽视的：其中包含有大量众所周知的唯心主义或宗教主题。

第一次集中利用前马克思主义的思想体系构建自己的理论话语，从而对马克思主义作出重要再阐释的，是卢卡奇在《历史与阶级意识》一书中对黑格尔的论述。第二国际从来没有广泛研究过黑格尔：

主导第二国际的思想家通常把黑格尔看成是一位遥远的、已经和马克思不再有什么关联的思想先驱，其重要性要逊于费尔巴哈。[23]卢卡奇从根本上推翻了这一看法，第一次将黑格尔拔高至马克思思想背景中的绝对主导地位。对黑格尔所作的这一重新评价，为后来西方马克思主义整个传统带来了深刻而持久的影响，无论之后的思想家是否同意这一重新评价。但是，卢卡奇之所以诉诸黑格尔，远非只是为了追根溯源。实际上，《历史与阶级意识》中的两大最根本的理论命题都来自黑格尔，而不是来自马克思：其一，意图将无产阶级看作"历史的同一的主体—客体"，其阶级意识由此克服了认识的社会相对性问题；其二，试图将"异化"设想为人的客体性的一种外在对象化，对这一概念的重新解释，意味着回归一种原始的内在主体性。这样，卢卡奇就把工人阶级获得自身真实意识的过程等同为社会主义革命的实现。40年后，卢卡奇把《历史与阶级意识》中的这些引人注目的命题描绘为"一种想比黑格尔更加黑格尔的尝试"[24]。然而，肇始于《历史与阶级意识》的对黑格尔之于马克思主义思想的重要性的重新评价，得到了许多人的响应。卢卡奇本人后来与其说试图把黑格尔的范畴引进马克思主义，毋宁说在黑格尔思想中重新发现了马克思思想的基本范畴。卢卡奇的研究性著述《青年黑格尔》（1938），正是立足于他在莫斯科时期对1844年手稿的研读，同时基于对黑格尔早期著述中诸如"劳动"等经济学概念的考察而作，这是他在黑格尔和马克思之间建立直接联系的一个更具学术性的努力。[25]

三年后，马尔库塞在纽约出版了《理性与革命》一书，其副标题是《黑格尔与社会理论的兴起》，这是对作为马克思著述的准备和前提的黑格尔思想的整个发展阶段进行马克思主义分析的第一次尝试。马尔库塞对黑格尔这一概念的忠诚，从未动摇过。与卢卡奇或马尔库塞相比，阿多尔诺则更为强烈地将客观唯心主义作为"同一性哲学"加以批判。然而，阿多尔诺明显把自己的主要理论著述建基于《精神现象学》的历程之上。"黑格尔的方法"，阿多尔诺宣称，"孕育了《最低限度的道德》的方法"。[26]另一方面，在法国，萨特虽然也认为在马克思思想的形成过程中，发挥最举足轻重作用的当属黑格尔，与此同时他却打算推翻对黑格尔所作的评价，并吹捧与之相对立的克尔凯郭尔的哲学贡献，以矫正黑格尔在马克思主义内部的地位。萨特一方面指出马克思本人已经取代了克尔凯郭尔和黑格尔的二律背反；另一方面又认为，20世纪的马克思主义已经趋于变成一种僵化的新黑格尔主义，由此使得存在主义以个体经验的名义对一种无所不包的客观主义体系发出的抗议重新生效，而这正是克尔凯郭尔首先提出来的。[27]在《辩证理性批判》一书中，萨特本人在重构历史进程自身时就把在这一意义上被理解的个人视为其不可化约的出发点和所有社会阶级的最终术语。甚至在《辩证理性批判》之后，萨特专门研究的唯一一个哲学家就是克尔凯郭尔。[28]

在意大利，德拉·沃尔佩及其学派从一开始就坚决反黑格尔：既以犀利的态度否定黑格尔哲学本身，又都肯定地断言马克思的思想代表着同黑格尔的完全决裂。德拉·沃尔佩本人在诠释马克思时，溯及了从亚里士多德开始经伽利略直至休谟的理论谱系——在他看来，所有这些人都在他们各自的时代进行过类似于马克思针对黑格尔所作的那种原质批判。[29]而他的学生科莱蒂撰写了抨击西方马克思主义内部所出现的黑格尔主义倾向的主要著作——《马克思主义和黑格尔》。该书旨在全面说明黑格尔是一位基督教直觉主义哲学家，其基本理论目的就是为了宗教而毁灭客观现实，并贬低人类智识；因此，黑格尔同马克思恰好针锋相对。相较而言，科莱蒂认为马克思的真正哲学前辈是康德，因为康德坚持客观世界是超越一切认知观念的独立现实，他预言了存在与思维之间的不可还原性这个唯物主义论题。因此，康德的认识论预见了马克思的认识论，虽然后者从未了解到前者对自己的教益有多大。[30]相似地，德拉·沃尔佩和科莱蒂都认为马克思的政治理论具有马克思自己并未察觉的一个决定性前提，那就是卢梭的著作。康德的哲学局限性在于他接受了自由资本主义社会的交换原则，这正是卢梭着力批驳的对象，卢梭对资产阶级代议制国家进行了激烈的民主主义批判，而后来的马克思不过是对其主要方面加以重复而已。[31]

　　在阿尔都塞及其学派的著述中，也出现了不遑多让却形成鲜明对比的对马克思的重新定位调整。这些重新定位调整，在语言学上虽然稍欠明晰性，实质上却最为彻底地追溯性地把所有前马克思主义的哲学都重新吸收入马克思主义之中。这一次，马克思的祖先被指定为斯宾诺莎。阿尔都塞认为，事实上，"斯宾诺莎的哲学在哲学史上引起了一场史无前例的理论革命，也许是一切时代以来的最大的一次哲学革命"[32]。在阿尔都塞式的马克思主义中，几乎所有的新奇观念和重点，除了那些从当代各学科输入的之外，事实上都直接来自斯宾诺莎。关于"认识对象"和"现实对象"之间的范畴区分，就直接来自斯宾诺莎关于"观念"和"观念对象"之间的著名划分。[33]背后隐藏的把这种二元论的两极统一起来的一元论，同样忠实地来自斯宾诺莎——阿尔都塞关于对思维和现实共同适用的"生产的一般本质"，只不过是斯宾诺莎如下格言的转译而已，即"观念的次序和联系与事物的次序和联系是相同的"。[34]阿尔都塞关于彻底消解知识或真理担保的哲学问题，亦遵照的是斯宾诺莎的名言，即"真理既是真理自身的标准，又是错误的标准"——这也是任何一种严谨的一元论的逻辑结论。[35]类似地，《读〈资本论〉》中关于生产方式的"结构性因果关系"这一核心概念，则是对斯宾诺莎的神是万物的内因的世俗化解释。[36]阿尔都塞猛烈抨击那种将直接经验的意识形态幻想同专属理论的科学认知对立起来的做法，也反对把人类或阶级当作有意识的历史主体，而不是社会关系的无意识的"支持者"的一切论调,不过是斯宾诺莎谴责将"泛泛经验"视为一切错误之根源的精确翻版,以及对斯宾诺莎所断然坚持的下述观点的全盘复述,即典型的幻觉是人们相信自己的意志是自由的,事实却是他们永远都受自己没有意识到的规律所支配:"他们对于自由的观念,其实是由于他们不知道他们自己行为的原因。"[37]斯宾诺莎冥顽不化的宿命论的最终结论是,即使在压迫最少的社会里,幻想的影响力也是无法摆脱的:"认为在公共事务上四分五裂的人民仅仅靠理智来引导他们生活的人,其实是在梦想诗人的黄金时代或神话故事。"[38]阿尔都塞同样接受了这个最终信条:即使在共产主义社会里,人们仍然会沉浸在作为他们自发经验之必要中介的意识形态幻觉之中。"一切人类社会把意识形态作为自己呼吸的空气和历史生活的必要成分而分泌出来。"[39]阿尔都塞及其门徒将斯宾诺莎系统地归入历史唯物主义,这是一次最为雄心勃勃的智力尝试,即为马克思建构一个先在的哲学世系,并且从这一世系中出其不意地为当代马克思主义开拓出新的理论方向。[40]只在一个重要方面,阿尔都塞转往别处去寻找哲学史的重要形迹:因为斯宾诺莎不太关心历史,这使得阿尔都塞不得不以孟德斯鸠这个旁系来充当马克思的先辈,这十分类似科莱蒂系谱中的卢梭与康德的关系。孟德斯鸠《论法的精神》因提出"社会总体性"这一重要概念而受到阿尔都塞的赞誉,而这种社会总体性"最终决定于"其内部的某个优势层面,马克思后来在《资本论》中对这一论说作了科学奠基。[41]

上述接续回溯至马克思以前的做法,是西方马克思主义内部最为显著、最有影响力的事件。然而,这还不是全部。众所周知,戈德曼在《隐蔽的上帝》中将帕斯卡尔视为辩证理论的主要先驱。[42]列菲弗尔年轻时也曾把谢林视为哲学先辈。[43]当阿多尔诺和霍克海默把"堕落的自然"概念引进马克思主义之中时,他们可能已更深刻而隐秘地受到了谢林的启示。[44]马尔库塞则从席勒的美学中吸取了有关未来共产主义社会的概念。[45]在某些情况下，同一个哲学家可能会受到西方马克思主义传统内部若干不同思想家的称颂。例如，被卢卡奇所深恶痛绝的尼采，却令人费解地被阿多尔诺、萨特、马尔库塞和阿尔都塞所赞扬。[46]但是，能表明在整个西方马克思主义领域——不管其内部的分歧和对立多么尖锐——贯穿着一种隐形规则的最有说服力的证据，或许非葛兰西莫属了。作为西方的一位重要理论家，葛兰西不是一位哲学家，而是一位政治家，因此并不存在一种纯粹的专业兴趣激励他去探寻一个马克思之前的先在的语系。然而，他最有创见的著述也是围绕一位先驱而创作的：马基雅维利。在葛兰西看来，前马克思时代令人信服的先辈肯定不会是一位哲学家，而是一位像他自己那样的政治理论家。但是，葛兰西向马基雅维利所借用的，其范围和类型同其他西方马克思主义者们的做法几无差别。他也将直接来自这位佛罗伦萨先辈体系之中的术语和主题用于自己的著作：在《狱中札记》中，革命党本身成了现代版的"君主"，革命党的专权正是马基雅维利的吁求；改良主义被解释为一种"合作"观点，类似于意大利城市间的"合作"，马基雅维利曾痛骂改良主义狭隘的涣散性；无产阶级和农民之间的"历史集团"问题，可以从马基雅维利关于建立一支佛罗伦萨"民兵"的计划中找到雏形；葛兰西对资产阶级统治机制的分析，则始终披着"实力"与"权术"——马基雅维利的"半人半马兽"（Centaur）的两种形态——的外衣[47]；葛兰西关于国家体系的类型学，亦来自马基雅维利关于"领土""权威"和"同意"的三位一体说。对葛兰西来说，马基雅维利的思想"也可以被称为'实践哲学'"[48]：这是葛兰西在狱中用来指代"马克思主义"的术语。可见，甚至连西方马克思主义中最伟大和最不典型的代表人物，也都遵循了西方马克思主义的通用规则。

西方马克思主义领域被界定为一个整体，以及西方马克思主义轴心的总体位移，这两方面表现出来的统一性，当然并不能排除西方马克思主义内部的主观分歧和尖锐对立。其实，一旦西方马克思主义的外部界线被历史性地界定以后，这些分歧和对立反而对其内部活力和多样性大有裨益。然而，西方马克思主义的特征，正是它从来没有为自己的智识版图描绘出任何确切的或适当的地形图。这种缺失是这一自1920年以后发展起来的新文化理论所具有的另一个最突出和最矛盾的特征——缺乏国际主义——所引发的必然结果。这一范式也标志着西方马克思主义对经典马克思主义原则的彻底背离。众所周知，马克思和恩格斯曾同全欧洲以及欧洲以外的社会党人保持密切通信和辩论；作为直接后继者的第二国际理论家们虽然比历史唯物主义的创始人更为坚实地植根于他们本国的政治土壤，但与此同时他们也建构了一个进行国际社会主义辩论的完整舞台。在马克思恩格斯其后的一代马克思主义者中，拉布里奥拉的作品被广为接受，或许提供了有关当时欧洲大陆思想交流的最有说服力的范本。拉布里奥拉是出生于政治上落后和被人遗忘的南欧地区的第一位马克思主义理论家，他的名声神速地从巴黎远扬到圣彼得堡。事实上他的第一篇重要论文是1895年受索雷尔委托为法国《社会发展》（*Le Devenir Social*）杂志撰写的；不到一年，考茨基的德国刊物《新时代》就已经留意并愉快地接受了这篇文章；1897年，普列汉诺夫在俄国的《新言论》（*Novoe Slovo*）杂志上发表了一篇对拉布里奥拉著述的长篇评述；几个月以后，列宁要他的妹妹把拉布里奥拉的著述翻成俄文；1898年，这篇论文的俄译本如期出版了。再下一代的马克思主义者，如果说有什么不同的话，那就是他们形成了一个更具国际主义的思想家和战斗者共同体，他们可以在这个共同体中展开激烈的理论辩论，这种理论辩论大多是基于对彼此著述已进行过充分而翔实的研究之上的。由卢森堡的《资本积累》所引发的争论，就是令人印象深刻的例子。当然，正是这一背景，使得纪律严明的第三国际的诞生，既代表了欧洲大陆工人运动过去历史经验的顶峰，也代表了与这种历史经验的决裂。

　　然而，随着"社会主义在一国"胜利论在苏联的实现和共产国际的不断官僚化，以及欧洲共产主义在第二次世界大战期间及之后最终采取的民族主义立场，欧洲探讨马克思主义的主导框架也随之发生了根本性改变：现在，这种探讨不仅越来越远离政治斗争，而且也日益不具有国际视野。也就是说，理论逐渐退缩到国家范围之内，并因彼此相对不关注或不了解而相互隔绝。西方马克思主义发展的诡异之处在于，绝大多数新一代理论家们——如前文所述——都是各自所在大学体制中最高水平的学术专家，原则上他们都具备认真研究和了解本国以外的思想体系的优渥的语言能力和闲暇时间，但事实上，西方马克思主义哲学家使用的语言空前复杂和深奥，导致他们无一例外地极度闭塞，并且对邻国的理论文化全然无知。在西方马克思主义全部文献之中，不曾有一位主要的理论家对另外一位主要理论家的著述进行过认真评价或持久批判，在其论述中展示出对于接受评价或批判的作品的文本内容有过详尽的了解或者最低限度的分析关切。至多有一些草率的诽谤或者肤浅的表扬，既有恶意解读的成分，又只做表面文章。能够表现这种相互之间的散漫态度的典型例证有：萨特对卢卡奇所作的为数不多的含糊其辞的评论；阿多尔诺对萨特的支离破碎和颠三倒四的旁白；科莱蒂对马尔库塞的恶毒谩骂；阿尔都塞因外行而对葛兰西和科莱蒂造成的张冠李戴；德拉·沃尔佩对阿尔都塞的赤裸驳斥。[49]所有这些都是文不对题的随机评论。在西方马克思主义传统内部，找不出某一思想家或学派与另一思想家或学派进行全面的理论交锋或发生理论冲突的事例，更不消说就西方马克思主义本身而言在国际层面上存在什么大一统了。这种情况甚或会发生在师徒之间，如戈德曼一方面忠诚于卢卡奇的早期著述，另一方面却又从未对卢卡奇的后期著述表达过哪怕一丁点儿批评性意见或进行过一丁点儿批判性研究。这种普遍的狭隘主义以及对国外思潮的茫然无知，阻碍了西方马克思主义对其整体面貌达至任何一致的或者清晰的自我意识。理论家之间的陌生化，使得他们之间的真实的关系和区别处于一种不透明的晦涩状态。

当然，这并不是说，根本没有人尝试过在西方马克思主义领域内划定清晰战线。至少在1960年代阿尔都塞和科莱蒂就分别作过这种尝试。两次尝试都把自己以外的其他所有体系无区别地一股脑儿归入一个单一的哲学集团，并因这一整体源于黑格尔且因黑格尔而堕落，从而加以摒弃，同时声称只有他们自己的作品才与马克思存在着直接联系。然而，在其他方面，这两种关于马克思主义自1920年代以来发展状况的描述又是不相容的：阿尔都塞的范畴明确地把科莱蒂包括在自己所批驳的黑格尔传统之内，而科莱蒂的逻辑也同样把阿尔都塞归于自己所反驳的黑格尔遗产之列。在进行这种回顾时，阿尔都塞的解读更为广泛和全面：在他这里，卢卡奇、科尔施、葛兰西、萨特、戈德曼、德拉·沃尔佩和科莱蒂都可归为"历史主义"的不同形式——在这种"历史主义"意识形态中，社会成了一个循环的"表现"整体，历史则是同质化的线性时间流，哲学即为历史进程的自我意识，阶级斗争则是集体"主体"的战斗，资本主义表现为在本质上普遍异化的世界，共产主义则是超越异化的真正人道主义的状态。[50]阿尔都塞表示，这些论点大多来自黑格尔，其间经过费尔巴哈和青年马克思著述的中介：历史唯物主义的科学理论建基于同这些观点的彻底决裂，这项工作是由马克思在《资本论》中完成的。相较而言，科莱蒂的重构所关注的范围较为狭窄，即便其理论走得更远：对他来说，早期卢卡奇、阿多尔诺、马尔库塞、霍克海默和萨特因共同抨击科学和反对唯物主义而联合起来，且都坚持认为矛盾是一种现实原则，不是一种理性原则，而后期卢卡奇和阿尔都塞所赞同的辩证唯物主义不过是同一种隐蔽的唯心主义的自然主义翻版而已。两者都来自黑格尔对理智的形而上学批判，目的是要在哲学上消灭物质。[51]这一批判曾经受到致命的误解，并在《反杜林论》中为恩格斯所接受，从而确立了一条谱系的传承脉络，这一谱系完全背离了以马克思《资本论》逻辑方法为范例的理性和科学唯物主义。

这两种表述中哪一种是正确的呢？显然，德拉·沃尔佩学派和阿尔都塞学派存在着某些有别于其他西方马克思主义体系的共同特点，这就是：他们对黑格尔的敌视（德拉·沃尔佩体系在时间上来得更早，做得也更彻底），使得他们在一个主要倾向于亲黑格尔的哲学传统中显得非常与众不同。与此同时，他们还咄咄逼人地重新强调马克思主义的科学性，强调《资本论》在马克思著作本身之中的卓越性，强调列宁政治思想后续的根本重要性。他们都激烈反对之前否定或忽视经典马克思主义传统主张的理论思潮。然而，这些特点却不足以将1920年以来的整个欧洲马克思主义划分为两大对立的阵营。阿尔都塞和科莱蒂所提出的简单的两极对立，过于粗糙和漫不经心，且严重缺乏比较研究，因此也就不能对理解包括他们自己创造的思潮在内的西方马克思主义内部复杂的哲学思潮群集提供任何严肃的指导原则。不要说什么体系之间存在明显的两极对立，就连体系之间存在一种更加微妙或延续性的谱系这种说法也不见得多么精确。因为各个理论家的态度，虽然其出发点有很大不同，时常会以令人不安的方式出现偶合或重叠现象，所以在哲学定位中无法把他们归入任何一个单一的群体。科莱蒂和阿尔都塞所提出的类型学互不相融，本身就说明了两者的逻辑困境。这样，异化主题被阿尔都塞打上了黑格尔首要观点的烙印，因此反对异化主题是科学唯物主义的先决条件。然而，科莱蒂对黑格尔的抨击虽然比阿尔都塞更为激烈，材料堆砌得也更多，但他仍然把异化概念视为成熟马克思的著述和作为一门科学的历史唯物主义的核心内容。相反，科莱蒂把他最强大的火力集中于黑格尔的物质辩证法，认为那是黑格尔唯心主义的宗教试金石，而且是对后来的社会主义思想最为有害的遗产；阿尔都塞则把黑格尔著作中的同一内容视为马克思主义从黑格尔著作中继承而来的科学洞见中的一个活力内核。

　　而且，纵横交错的谱系脉络远远超出了这两位主角。阿尔都塞体系，在很大程度上是同1950年代与1960年代之交在法国本土占统治地位的萨特体系针锋相对的产物；而科莱蒂的大部分论战针对的是1960年代晚期暂时在意大利占统治地位的法兰克福学派。两人似乎对于另一方的主要对手知之不深，因而两人都没有意识到他们和另一方的主要对手之间其实是具有某些类似之处的。科莱蒂越发关注的是马克思主义作为"科学或革命"的两重性——这一理论既关系到资本主义的客观规律，又关系到无产阶级推翻其自身作为构成部分的生产方式的主观能力[52]，这实际上和萨特研究方法论的基本出发点很接近。阿尔都塞和阿多尔诺，表面上最为疏远的两位理论家，他们之间并非出于自愿的相通之处，则更令人称奇。法兰克福学派从它形成伊始，就比欧洲的任何其他学派更加充斥着黑格尔主义的影响。在1960年代，阿多尔诺的马克思主义代表的是这样一个极端版本，它放弃了任何关于阶级或政治的论述，而阶级和政治作为客体，恰恰被阿尔都塞的马克思主义赋予了形式上的首要地位。然而，阿多尔诺的《否定的辩证法》（最初是1961年在巴黎讲学时的讲稿，完成于1966年）复制了阿尔都塞在1965年出版的《保卫马克思》和《读〈资本论〉》中所提出的一系列主题，且不说1969年出版的科莱蒂的《马克思主义和黑格尔》中提及的其他人等所创设的主题了。这样，除却其他主题之外，阿多尔诺明确断言：客体在认识论中具有绝对第一性；不存在任何一般历史主体；"否定之否定"概念是空洞无物的。他抨击对异化和物化的哲学聚焦是一种时髦的、容易受宗教用语影响的意识形态；抨击以牺牲《资本论》为代价而对青年马克思著述顶礼膜拜；抨击人类中心主义历史观，以及与之相伴随的人道主义的花言巧语；抨击把劳动从作为社会财富不可或缺的组成部分的物质性中抽象出来作为社会财富之唯一来源的神话。[53]阿多尔诺甚至精准地附和了阿尔都塞的箴言，即认为理论是一种特殊形式的实践（"理论的实践"），并认为实践这个概念本身应由理论来加以界定。阿多尔诺写道，"理论是实践的一种形式"，"实践本身是一个不同寻常的理论概念"。[54]这些见解中所蕴含的颇具挑衅性的理论主义，从一开始就宣称理论与实践在词法上的同一性，从而整个有效抑制了理论与实践的统一——作为马克思主义与群众革命斗争之间的动力纽带——这一实质性问题。在第二次世界大战之后的时代，这种理性主义堪称西方马克思主义的总座右铭。这些见解揭示了西方马克思主义内部迥然相异的思想立场的深层基础。

当然，就问题和取向而言，阿尔都塞和阿多尔诺的理论体系还有其他一些众所周知的不同之处。在他们的全部作品中，某些重要主题的奇特交集只能证明：黑格尔学派和反黑格尔学派之间的模糊的二元对立，完全不足以界定西方马克思主义不同学派的确切位置，或者它们之间的相互关系。如上文所示，它们在哲学渊源上的多样性——不仅包含黑格尔，也包含康德、谢林、斯宾诺莎、克尔凯郭尔、帕斯卡尔、席勒、卢梭、孟德斯鸠等人——排除了任何此类两极划分的可行性。每一位理论家同当代资产阶级文化不同部分的并行联系，使得他们彼此之间的同源关系和对立关系进一步复杂化。而这些并行联系反过来又受各国不同的政治形势所规定和制约。换言之，事实已十分清楚地表明：西方马克思主义传统内每一个独特的体系，都带有多元决定的印记——根源于每个体系所处时代以及历史上不同视角和水平的社会结构和思想结构，以界定西方马克思主义传统自身之基本历史事态为参量，产生了广泛的理论异质性。鉴于其复杂性，囿于篇幅，这里无法对该领域内真实的关系分布进行探讨。就当前目的而言，更重要的是考察西方马克思主义的每一个体系同先前时代的历史唯物主义的经典遗产相比所具有的显著的独创性。因为，在任何一份记录西方马克思主义的资产负债表上，新概念或新主题的出现，都为评判作为一种传统的西方马克思主义的性质和活力，提供了最具批判性的标准。

注释：

[1] 卢卡奇在布达佩斯；科尔施在纽约；马尔库塞在美国布兰迪斯（Brandeis）大学和位于拉荷亚（La Jolla）的加州大学圣地亚哥分校；列斐弗尔、戈德曼和阿尔都塞在巴黎；阿多尔诺在法兰克福；德拉·沃尔佩在意大利的墨西拿（Messina）；科莱蒂在罗马。只有葛兰西和本雅明这两位法西斯主义的受害者始终处于大学体制之外。

[2] 参见访谈录《卢卡奇谈他的生活与工作》（Lukács on His Life and Work, in *New Left Review*, No. 68, July-August 1971, pp. 56-57）；另参见《历史与阶级意识》（Georg Lukács, *History and Class Consciousness*, London 1971, Preface to the new edition 1967, p. XXXVI）。

[3] 参见赫伯特·马尔库塞：《批判哲学研究》，第3—4页。第一篇论文便是这一关键性文章的英译本，即《历史唯物主义基础》。

马尔库塞1932年发表在《社会》杂志上的德语文章参见：Herbert Marcuse, Neue Quellen zur Grundlegung des Historischen Materialismus, in *Die Gesellschaft*, 9, 1932. 英译本参见：Herbert Marcuse, The Foundations of Historical Materialism, trans. by Brian Reid, in *Studies in Critical Philosophy*, London New Left Books/Boston Beacon Press, 1972. ——译者注

[4] 《辩证唯物主义》（*Le Matérialisme Dialectique*）最初于1939年在巴黎出版；英译本《辩证唯物主义》（*Dialectical Materialism*）于1968年在伦敦出版，内容散见于第61—167页。

[5] 参见主要集中论述《巴黎手稿》的《关于人类解放的马克思主义理论》（*La Teoria Marxista dell'Emancipazione Umana*, 1945）和《共产主义的自由》（*La Libertà Communista*, 1946）；以及集中论述《黑格尔法哲学批判》的《关于实证人道主义的理论》（*Per La Teoria d'un Umanesimo Positivo*, 1947）。德拉·沃尔佩翻译的马克思《巴黎手稿》和《黑格尔法哲学批判》的意大利文译本均出版于1950年。

[6] 参见《文学与哲学论文集》（*Literary and Philosophical Essays*, London 1955）。

[7] 特别是《保卫马克思》（*For Marx*, London 1969）一书中的《费尔巴哈的"哲学宣言"》《论青年马克思》以及《卡尔·马克思的〈1844年手稿〉》诸文。

[8] 参见卢卡奇：《历史与阶级意识》（*History and Class Consciousness*, p. 1）。

[9] 这些理论家在书面用语上的晦涩难懂，使得他们在世时便已饱受批评。葛兰西编辑的《新秩序》（*Ordine Nuovo*）因其艰涩难懂而在1920年遭到法国社会主义报纸《人道报》（*L'Humanité*）的抨击，葛兰西对此作了答复，他在1920年1月10日《新秩序》上对自己乏味的文体进行了长篇辩解。卢卡奇在1949年被勒瓦伊谴责为"骄妄自大的文风"，参见约瑟夫·勒瓦伊：《卢卡奇与社会主义现实主义》（Josef Revai, *Lukács and Socialist Realism*, London 1950, pp.18-19）。而塞维则对萨特的遣词造句进行了猛烈抨击，参见吕西安·塞维：《让−保罗·萨特与辩证法》（Lucien Sève, Jean-Paul Sartre et la Dialectique, in *La Nouvelle Critique*, No.123, February 1961, pp.79-82）。

[10] 但是，葛兰西札记的费解难懂，也不能完全归因于其牢狱生活境况。如我们所知，即便是在都灵时期，就已有人批评他的语言过于复杂；而且，至少《狱中札记》中的某些难解之谜，应归因于他本人对一些问题因无法找到明确或满意的答案而产生的思想矛盾和游移不定。

[11] 此处的50年应指1920年代至本书首次出版的1970年代之间的时间段。下同。——译者注

[12] 这些影响，在加雷斯·斯特德曼·琼斯（Gareth Stedman Jones）的文章《早期卢卡奇的马克思主义》（The Marxism of the Early Lukács, in *New Left Review*, No.70, November-December 1971）中有详细论述。韦伯是卢卡奇在第一次世界大战以前的密友和同事。

[13] 关于葛兰西对克罗齐的复杂态度，以及他对克罗齐"伦理政治史"范畴有所保留的赞扬（他认为这应成为历史研究的"经验准则"），参见葛兰西的《历史唯物主义》（*Il Materialismo Storico*, Turin 1966, pp. 201-202）。在那里，葛兰西甚至把克罗齐同列宁相提并论，认为他们是两大"霸权"理论家，他们都以自己的方式拒斥经济主义。

[14] 关于《存在与虚无》和《辩证理性批判》之间的观念连续性的充分说明，详见弗里德里克·詹姆逊的《马克思主义与形式》（Frederic Jameson, *Marxism and Form*, Princeton 1971, pp. 230-274）一书中令人钦佩的论述。这是关于这一主题的最佳批判性分析。

[15] 关于阿尔都塞本人对巴什拉、康吉扬和拉康的感激之言，参见《保卫马克思》（*For Marx*, p. 257）和《读〈资本论〉》（*Reading Capital*, p. 16）。巴什拉是阿尔

都塞的博士学位指导老师。

[16] 意大利的沃尔佩学派是一个重要的例外。在《情趣的批判》（*Critica del Gusto*）中，德拉·沃尔佩本人的美学理论的确从叶耳姆斯列夫的语言学中借鉴良多，但沃尔佩学派整体上相对而言并没有受到非马克思主义的太大影响。这或许同它缺乏重大的题材创新有关，正如下文所述，这也是它的不同之处。

[17] 参见《资本主义发展理论》（*The Theory of Capitalist Development*, p. ix）。

[18] 参见《总结和其他》（*La Somme et Le Reste*, pp.142-143）；《存在与虚无》（*Being and Nothingness*, London 1957, pp. 600-603）；《爱欲与文明》（*Eros and Civilization*, London 1956, pp. 166, 209）；《单向度的人》（*One-Dimensional Man*, pp. 249-250）。吸引这些作者的，主要是巴什拉的诗论，而不是其认识论。

[19] 可比较阿多尔诺的《社会学与心理学》（Adorno, Sociology and Psychology, in *New Left Review*, Nos 46-47, November 1967-February 1968）；马尔库塞的《爱欲与文明》，散见书内各处；阿尔都塞的《弗洛伊德与拉康》，载《列宁和哲学及其他论文》（Althusser, Freud and Lacan, in *Lenin and Philosophy and Other Essays*, London NLB 1971）；萨特的《在存在主义与马克思主义之间》（Sartre, *Between Existentialism and Marxism*, London NLB 1974, pp. 35-42）。

[20] 达尔文主义在第二国际时期的影响，也许提供了最为接近的对应物。但是，进化论的权威是自然科学的权威，它并未直接冲击历史唯物主义的社会领域。因此，进化论是可以获得认可或接受的，而无须对历史唯物主义的社会领域作出任何真正的内部修正。即使以考茨基为例——他可能是最易受到达尔文主义影响的理论家，直接输入这种影响也不是他一战前主要作品的特点。更为极端化的事件，当属马赫对某些布尔什维克知识分子（首先是波格丹诺夫）的吸引力，这也是促使列宁写《唯物主义与经验批判主义》的原因。这又是一起物理学领域的发展对马克思主义内部思潮产生的一种短暂的推动作用。然而，经典马克思主义的第三代主要代表人物中却没有什么人受其影响。

[21] 唯一的例外，是意大利的马克思主义者塞巴斯蒂阿诺·廷帕纳罗，他在《论唯物主义》（Sebastiano Timpanaro, *Sul Materialismo*, Pisa 1970, pp.1-122）一书中严肃而权威地捍卫了恩格斯的哲学遗产。鉴于廷帕纳罗的著述水平，在对这一时代的西方马克思主义进行任何综合性的概述时，他都完全有资格被考虑在内。然而，由于他的著述明确反对西方马克思主义内部的所有其他学派，并与他们都保持着相对较远的距离，若把其简单包括在内，或又会显得理由不够正当。即使是廷帕纳罗这一不妥协的、有创见的著作，也逃脱不了西方马克思主义所共同具有的某些基本特征。参见本书第四章相关注释。

[22] 中译文引自《马克思恩格斯选集》（第1卷），人民出版社2012年版，第140页。——译者注

[23] 参见卢卡奇自己在《历史与阶级意识》一书中的相关评论（*History and Class Consciousness*, p. XXI）。拉布里奥拉则是一个重要的例外，他本人在接触马克思主义之前就是黑格尔派哲学家。此后在1916年第二国际声名扫地之后，列宁突然"发现了"黑格尔。

[24]《历史与阶级意识》（*History and Class Consciousness*, p. XXIII）。

[25]《青年黑格尔》（*Der Junge Hegel*）由于第二次世界大战的爆发直到1948年才得以出版。

[26]《最低限度的道德》（*Minima Moralia*, London NLB 1974, p. 16）。

[27]《方法问题》（*The Problem of Method*, London 1963, pp. 8-14）。

[28] 参见萨特的一篇重要论文《克尔凯郭尔：独一的普遍性》（Kierkegaard: The Singular Universal, in *Between Existentialism and Marxism*, pp. 146-169）。

[29]《作为实证科学的逻辑学》（*Logica Come Scienza Positiva*, Messina 1950）。

[30]《马克思主义和黑格尔》（*Marxism and Hegel*, London NLB 1973, especially pp.113-138）。在第二国际时期，梅林和其他人等（如维克多·阿德勒）已经被康德伦理学所吸引，但是并未进行一种系统的哲学建构，像科莱蒂所提出的那样，把康德的认识论同马克思的认识论联结起来。

[31] 参见德拉·沃尔佩：《卢梭和马克思》（Della Volpe, *Rousseau e Marx*, Rome 1964, pp. 72-77）；有关这一观点的最极端的论述，参见科莱蒂：《〈卡尔·马克思早期著作〉导言》（Colletti, "Introduction" to Karl Marx, *Early Writings*, London Penguin/ NLR Library, 1974）。

[32] 参见阿尔都塞：《读〈资本论〉》（Althusser, *Reading Capital*, p. 102）。在这方面，第二国际的确有过先例，即也暗中把斯宾诺莎置于马克思之上。如普列汉诺夫就认为马克思主义本质上是"一种斯宾诺莎主义的变体"，他写道，"马克思和恩格斯的斯宾诺莎主义就是现代形式的唯物主义"。参见普列汉诺夫：《马克思主义基本问题》（Plekhanov, *Fundamental Problems of Marxism*, London 1929, pp. 10-11）。这一看法受到科莱蒂的猛烈抨击，科莱蒂指出，"普列汉诺夫把马克思仅仅看成是斯宾诺莎的扩展和应用的人中的一位"。参见科莱蒂：《从卢梭到列宁》（Colletti, *From Rousseau to Lenin*, London NLB 1972, p.71）。在1920年代的苏联，德波林和他的弟子也追随普列汉诺夫，把斯宾诺莎看成是"没有大胡子的马克思"。值得一提的是，虽然马克思对康德或笛卡尔的作品不太熟悉，但他的确在青年时代详细阅读了斯宾诺莎的著作，但并无迹象表明马克思曾经受到斯宾诺莎的特别影响。在马克思的著作

中，只有少数几处提及斯宾诺莎，而且是极为平庸的那种。

[33] 阿尔都塞：《读〈资本论〉》（Althusser, *Reading Capital*, p. 40）对此有论述。对斯宾诺莎来说，"真观念与它的对象不相同，因为圆形是一个东西，而圆形的观念又另外是一个东西"（*De Emendatio Intellectus*）。中译文参见斯宾诺莎：《知性改进论》，贺麟译，商务印书馆1986年版，第29页。

[34] 比较《保卫马克思》（*For Marx*, p. 169）；《读〈资本论〉》（*Reading Capital*, p. 216）；《伦理学II》，"命题VII"（*Ethica*, II, Prop. VII）。中译文参见斯宾诺莎：《伦理学》，贺麟译，商务印书馆1997年版。下同。

[35]《读〈资本论〉》（*Reading Capital*, pp. 59-60）。"真理既是真理自身的标准，又是错误的标准"，参见：《伦理学II》，"命题XLIII"，附释（*Ethica*, II, Prop. XLIII, Scholium）。

[36]《读〈资本论〉》（*Reading Capital*, pp. 187-189）。"神是万物的内因，而不是万物的外因"，参见：《伦理学I》，"命题XVIII"（*Ethica*, I, Prop. XVIII）。

[37]《伦理学II》，"命题XXXV"，附释（*Ethica*, II, Prop. XXXV, Scholium）。当然，《伦理学》的第四部分题为"论人的奴役或情感的力量"，只要把"情感"（emotions）改为"意识形态"（ideology），那就是贯穿阿尔都塞作品的一个中心主题。参见：《保卫马克思》（*For Marx*, pp. 232-235）；《读〈资本论〉》（*Reading Capital*, p. 180）。

[38] 斯宾诺莎：《神学政治学论》（Spinoza, *Tractatus Theologico-Politicus*, **I**, 5）。

[39]《保卫马克思》（*For Marx*, p. 232）。

[40]［在写了这段以后，阿尔都塞第一次承认自己受到斯宾诺莎的教益。参见：《自我批判文集》（*Elements d'Autocritique*, Paris 1974, pp. 65-83）。然而阿尔都塞对此所作的描述仍然是含糊的和一般化的，特别是缺乏原文的引述和具体的对应关系，因此，并未能够揭示他将斯宾诺莎的世界转换为他的理论著作的真正范围以及两者之间的一致性。进一步的语义考证，将很容易证实这一点。］

[41] 参见《政治与历史》（*Politics and History*, London NLB 1973, pp. 52-53 ff.）。

[42]《隐蔽的上帝》（*The Hidden God*, London 1964, pp. 243-244, 251-252, 300-302）。戈德曼早先曾将康德视为马克思主义"总体"概念的主要先驱，参见《伊曼纽尔·康德》（*Immanuel Kant*, London NLB 1971）。

[43] 参见《总结和其他》（*La Somme et Le Reste*, pp. 415-424）。这一插曲本身对列菲弗尔的后期著述并无重大意义，但是在其他方面对于西方马克思主义传统更为广阔的格局而言尤其具有启发作用。列菲弗尔描述说，他和波利策都深感缺少一个合适的思想先辈，因此有意识地着手寻找一个相宜的人物，最后偶然发现了谢林。

[44] 在德国左翼文化中，这种隐秘思想的不断再现，仍然是一个值得研究的问题。它可能最早引起了恩斯特·布洛赫（Ernst Bloch）的兴趣。

[45] 参见《爱欲与文明》（*Eros and Civilization*, pp. 185-193）。

[46] 比较卢卡奇的《理性的毁灭》（Lukács, *Der Zerstörung der Vernunft*, Berlin 1953, pp. 244-317）（仅有的扩展论述）与下列著述中的相关评论：阿多尔诺的《致瓦尔特·本雅明的信》（Adorno, Letters to Walter Benjamin, in *New Left Review*, No.81, September-October 1973, p. 72）；萨特的《圣日内》（Sartre, *Saint Genet*, London 1964, pp. 346-350）；马尔库塞的《爱欲与文明》（Marcuse, *Eros and Civilization*, pp. 119-114）；阿尔都塞的《列宁与哲学》（Althusser, *Lenin and Philosophy*, p. 181）。

[47] 参见葛兰西：《狱中札记》（Gramsci, *Prison Notebooks*, London 1971, esp. pp. 125-143, 147-148, 169-175）。

[48]《狱中札记》（*Prison Notebooks*, p. 248）。

[49] 参见萨特：《方法问题》（Sartre, *The Problem of Method*, pp. 21, 37-39, 52-54）；阿多尔诺：《否定的辩证法》（Adorno, *Negative Dialectic*, London 1973, pp. 49-51）；科莱蒂：《从卢梭到列宁》（Colletti, *From Rousseau to Lenin*, pp. 128-140）；阿尔都塞：《读〈资本论〉》（Althusser, *Reading Capital*, pp. 134-138）；德拉·沃尔佩：《当代思想批判》（Della Volpe, *Critica dell' Ideologia Contemporanea*, Rome 1967, pp. 25-26n, 34-35n, 37n）。

[50] 参见：《读〈资本论〉》（Althusser, *Reading Capital*, pp. 119-143）。

[51] 参见：《马克思主义和黑格尔》（*Marxism and Hegel*, pp. 181-198）。阿尔都塞赞同自然的辩证法，认为它一旦被重新洗礼为"无主体的过程"，遂可成为从黑格尔那里抢救出来的一个有价值的元素，这就恰好把自己置于科莱蒂的批判范围之内。参见：《列宁和哲学及其他论文》（*Lenin and Philosophy and Other Essays*, pp. 117-119）。

[52] 比如参见：《从卢梭到列宁》（*From Rousseau to Lenin*, pp. 229-236）。

[53] 参见：《否定的辩证法》（*Negative Dialectic*, pp. 183-184, 304, 158-160, 190-192, 67, 89, 177-178）。应当指出的一点是，阿多尔诺至少和科莱蒂同样强烈地坚持客体的第一性，就这一点来说，科莱蒂对法兰克福学派的一般性抨击在很大程度上是无效的。

[54] 参见：《箴言集》（*Stichworte*, Frankfurt 1968, p. 171）；《否定的辩证法》（*Negative Dialectic*, p. 144）。

第四章　主题创新

　　某些方面大致上还是很容易觉察的：如前文所述，自1920年代以来，西方马克思主义渐渐已不再从理论上直面重大的经济或政治问题了。葛兰西是最后一个在自己的著述中直接讨论阶级斗争议题的西方马克思主义思想家。然而，从分析生产方式本身的运动规律这一经典意义上来说，他的著述也没有论及资本主义经济本身。[1]在他之后，对于资产阶级统治的政治秩序以及对于推翻这种统治的手段等问题，西方马克思主义不出所料全体保持缄默。结果就是，当它从方法问题进而涉及实质问题时，就压倒性地集中于上层建筑研究了。而且，西方马克思主义最为持续和密切关注的，用恩格斯的话来说，都是一些远离经济基础、位于等级制"最顶端"的上层建筑秩序问题。换句话说，西方马克思主义的典型研究对象并不是国家或法律，文化占据了西方马克思主义的核心关注焦点。

　　在文化自身领域之内，耗费西方马克思主义主要智识精力和才华的，首先是艺术。这是一个引人注目的研究范式。卢卡奇的毕生精力六部分用于钻研文学，完成了一篇又一篇论及德国和欧洲其他国家小说的文学评论——从歌德和司各特到托马斯·曼和索尔仁尼琴，尤以洋洋大观的《美学原理》臻于极顶——这是他篇幅最长和最为雄心勃勃的作品。[2]阿多尔诺除了完成三卷本的文学论文集外，还写了十多本音乐论著——既有对20世纪音乐沿革的全面分析，又有对诸如瓦格纳或马勒等个别作曲家的解读。此外，他还完成了他的收官之作也是集大成之作《美学理论》。[3]本雅明在马克思主义范围内最有意义的理论遗产，是他的《在机械复制时代的艺术》。1930年代，其主要成就是对波德莱尔的研究。[4]同时，他还关注布莱希特的作品。[5]戈德曼的主要著述则是对拉辛和詹森主义（Jansenism）的分析，这就是他的《隐蔽的上帝》，这部作品同时也树立了历史唯物主义文艺批评的标杆；在其他著述中，他还探讨了现代戏剧和小说（马尔罗）。[6]列菲弗尔则出版了《美学概论》。[7]德拉·沃尔佩除了关于电影和诗歌的论文外，还写了一部完整的美学理论著作《趣味批判》。[8]马尔库塞并没有论述某位特定艺术家的专著，却系统地把美学确定为自由社会的核心范畴——在自由社会中，"作为现实形式的艺术"，最后将塑造出社会世界自身的客观轮廓，这也是《爱欲与文明》和《论解放》的共同主题。[9]萨特第一次接触马克思主义，恰好在他发表《什么是文学？》之时；在把自己的工作转向马克思主义理论的过程之中，他的主要作品则是对热内的讨论，同时还写了有关马拉美和丹托莱托的文章[10]；在最终转向马克思主义之后，他把其后的10年用于写作一部研究福楼拜的皇皇巨著——涉及范围之广，超过他早先哲学著作的总和。[11]葛兰西像往常一样，在这方面也代表了一种既有关联又有区别的情况：在《狱中札记》[12]中，他以相当长的篇幅论述意大利文学，但其理论探索的主要目标并不是艺术领域，而是文化在文艺复兴以来的欧洲政治权力体系中的整体结构和功能。因此，他最为深刻、最有创见的考察，乃是对知识分子的历史形成与分野，对教育的社会性，以及对意识形态在巩固阶级集团中发挥的中介作用所进行的制度性分析。葛兰西的整个工作重心始终聚焦于上层建筑的研究对象，但与其他西方马克思主义理论家不同的是，他把文化上层建筑的自主性和有效性当作一个政治问题，并将这一问题本身与社会秩序的维护或颠覆关联起来加以系统理论化。阿尔都塞最后也放弃了对实证分析方法的讨论，而只限于探讨上层建筑问题：在这方面，他最长的一篇文章论及意识形态和教育，其出发点显然源于葛兰西；还有一些讨论戏剧、绘画（布莱希特或克雷莫尼尼）以及艺术本质问题的短文；而他在严格意义上的哲学领域之外，对于其理论的唯一一次似乎带有个人权威印记的成熟应用，是构建了一种文学理论。[13]西方马克思主义对于文化和意识形态问题的关注就这样自始至终一直占据主导地位。自启蒙时代以来，美学便是哲学通往具体世界最便捷的桥梁，它对西方马克思主义理论家始终具有一种经久不衰的特殊吸引力。[14]他们在这一领域所撰写的全部著作，其内容之广博、种类之繁多，同历史唯物主义的经典遗产中所有其他著述相比，都要丰富得多，也微妙得多。也许最终可以证明，这些都是西方马克思主义传统最永恒的集体收获。

然而，与此同时，西方马克思主义主要思想体系所提出的具有代表性的特别新颖的理论主题，对整个历史唯物主义来说具有更广泛的意义。相对于马克思主义经典遗产来说的彻底的新奇性，是这些新观念的标志。这些新观念之所以为新，是说无论在青年马克思还是晚年马克思的著述中，抑或在马克思第二国际继承者的作品中，都根本没有提到或想到过这些主题。这里，恰切的标准并非这些创新思想的有效性，或者它们同马克思主义基本原理的相容性，而在于它们的独创性。对其中每一个主题的优长作出批判性评价，并不是我们要探讨的任务，这种评价将超出本书探讨的极限。就目前而言，析离出在西方马克思主义的发展中那些相对于前人思想来说最离经叛道之处，就已经足够了。任何作出选择的尝试都必然带有某种程度的武断性，尤其是囿于篇幅无法开展详尽论述的情况下。[15]但是，某些与众不同的主题无疑会在目前所讨论的理论阵列中脱颖而出。它们可以被视为正在讨论中的西方马克思主义传统所作的自成一体的最低限度的贡献。

　　在这方面，首屈一指的要属葛兰西的"霸权"概念。这个术语原本源自俄国社会主义运动：普列汉诺夫和阿克雪里罗德在对俄国革命应由工人阶级来担任未来领导的议题进行策略讨论时，首先使用了这一术语。[16]葛兰西在采用该术语时，实际上已将它改造成一个在马克思主义话语中几乎全新的概念，专门用于创建一种关于在沙皇俄国并不存在的资本主义权力的政治结构的理论。葛兰西回顾了马基雅维利对实力与权术的分析，并巧妙地反其意而用之，他系统阐述了霸权概念，用以表明西欧资产阶级统治较沙皇俄国远为强大的力量及其复杂性，这使得欧洲大陆上任何发达资本主义地区要重走十月革命的道路都成为不可能。这种霸权体系是由它所取得的治下民众的同意程度以及由此而降低压制民众所需的强制规模来界定的。确保民众同意的控制机制，存在于由文化机构（如学校、教堂、报纸、政党、协会等）所编织而成的绵密网络之中——通过由已往历史织就的且由依附于统治阶级的知识分子群体广为传播的意识形态集合体，向被剥削阶级灌输逆来顺受的思想。反过来，这样的知识分子，或者由统治阶级从先前的生产方式中收编而来（"传统"知识分子），或者作为一个新的范畴在知识分子社会阶层中产生（"有机"知识分子）。资产阶级统治因为有了附属的同盟阶级的效忠而获得进一步的支持，并在它的政治领导下结成坚固的社会集团。在西方，资本通过这种分层的同意结构对劳工推行的灵活而强有力的霸权，代表了一种比社会主义运动在俄国所遭遇的还要难以克服得多的障碍。[17]这种政治秩序有可能会遏制和阻挡曾被早期马克思主义者视为资本主义制度下引发革命的主要杠杆的经济危机，这就使得无产阶级无法按照俄国样板来发起正面进攻。为了与这种政治秩序作斗争，就必须进行长期、艰苦的"阵地战"。在这种政治秩序的思想家中，唯有葛兰西通过这样一套概念直接寻求对于作为西方马克思主义自身之起源和母体的根本性历史困境的理论破解之道。

　　在西方马克思主义传统之内，葛兰西的霸权理论还有另外一个特质。它不仅基于葛兰西亲自参与的当代政治冲突，而且也基于对欧洲历史进行极为深入的对比考察。换言之，从历史唯物主义创始人所实践过的那种经典意义上来说，这就是对经验材料进行科学研究的产物。西方马克思主义所有其他主题创新就并非如此了。所有其他主题创新，从旧哲学的意义上来说，都是纯思辨性的理论建构，也即都是些用来理解历史的先验的概念图示，虽然未必就会与经验证据不符，但其呈现模式却始终得不到经验证据的证明。这些概念的典型特征是缺乏任何具体的历史分期坐标，从而把它们与葛兰西所认真遵循的那种明确的史学范畴关联起来。这种类型的理论中最势不可挡和最出乎意料的，当属法兰克福学派提出来的有关人与自然关系的理论。该理论的起源要追溯到谢林的哲学，谢林在其思想发展的中期接受了一种反进化论的形而上学观点，这种观点认为，所有文字可考的历史，都是在神性从世界上最初"收缩"之后，并在因神性和宇宙的再度统一而使自然获得最终的"复活"之前，"堕落的自然"由高级状态向低级状态的后退。[18]这种宗教神秘主义学说为阿多尔诺和霍克海默所采用，并被改造成一种世俗的"启蒙辩证法"。经典马克思主义关于历史从原始公社前进到资本主义社会的观点，强调了人类对自然的控制随着生产力的发展而日益增强，并把这看作是人类社会从自然必然性（Naturnotwendigkeit）暴政下所获得的逐步解放；这种解放的成果却被一个接一个的剥削阶级通过劳动的社会分工据为己有，但随着共产主义的到来，又将被生产者自身所占有，并最终创造出一个普遍繁荣富足的社会，它对自然的最终驾驭将是"自由王国"的标志。阿多尔诺和霍克海默将这种肯定性的概念变成一种疑问式的，甚或是否定性的概念。对他们来说，人和自然的最初决裂，以及后来人对自然逐渐取得优势的过程，未必对人类解放带来进展。因为，为了取得对自然（人类自身也是自然不可分割的一部分）的支配，人类付出的代价是劳动的社会分工和精神分工，这一分工使人类遭受了空前深重的压迫——虽然这一分工也为人的解放创造了与日俱增的潜在可能性。征服自然的同时，也使阶级固化下来，从而使大多数人服从于一种作为第二自然而毫不留情地加之于他们头上的社会秩序。迄今为止的技术进步，只是使得暴政机器更为完善而已。

与此同时，作为文明之前提的理性结构，则是依靠抑制人性自身而建立起来的。这就造成了自我和本我之间的精神分裂，从而使理性有可能控制人的本能冲动。理性的手段日臻精密而发展为逻辑和科学，这就使人类周遭的自然界不断沦落为纯粹可量化的被操控对象，实体之物和认知性观念之间的差别被抹去，变成可操控的同一之物。压抑的回归（the return of the repressed）——作为抑制自然的致命后果——最终在启蒙运动中斩获其哲学形态，自然本身反转过来成为理性的同义词；最后又在法西斯主义中斩获其政治形态，野蛮地对暗自维护它的文明进行报复，这是堕落的自然对理性的野蛮复仇。[19]工业技术的精进也有可能以行星的自我毁灭达到顶点：地球上的所有人工制品都会因自然环境的爆发或污染而遭湮灭。这样，一个获得解放的社会将不再自以为是一意孤行，其历史目标将不是对于自然的控制，而是与自然的妥协。这意味着不再企图残忍地、无望地通过使自然屈从于人而蛮横地使人和自然相等同，而是承认二者之间的区别和联系——换句话说，也就是承认其脆弱的亲善关系。[20]"堕落的"自然那时将在人之中和人之外获得最终的挽救；但由于人与自然并非完全等同，仍然不可能出现不受二者之间的矛盾影响的任何一种和谐状态。

这一基本主题性（thematic）是整个法兰克福学派共有的。不过，马尔库塞对这一主题性作了特殊的转义：在他的著作中，自然和社会都获得了更为细致和更为清晰的观照。对直接步弗洛伊德后尘的马尔库塞来说，人的本能本质上是性欲（sexual libido），即爱欲（Eros）。弗洛伊德假定，原始人为了和匮乏作斗争并达至文明，必须接受最初的压抑；阶级社会的结构则超越了这种最初的压抑，产生了源于不平等和控制的"过度压抑"的接续历史形态。然而，现在发达资本主义的技术财富却有可能通过建立丰裕的社会主义结束这种过度压抑。[21]此外，一旦异化劳动的约束条件被消除，唯乐原则（以及与此相对应的避免痛苦原则，弗洛伊德称之为"死亡本能"）就可以最终和外部世界的现实原则相协调。人的解放和自然的解放将与爱欲的解放同时发生。这不仅意味着性欲的多形态释放，而且意味着力比多将被扩散投入到工作和社会关系自身之中——这将赋予"安定的生存"的每一次实践以审美游戏的感官品质。在这个超脱了资本主义的"表演原则"的令人神往的俄耳甫斯世界中，升华不再是压抑的；爱欲的满足将自由地贯穿于全部社会生活；人与自然最终将在主体与客体的和谐统一体中获得协调。[22]马尔库塞所持的这种肯定态度，使他明显地区别于阿多尔诺，阿多尔诺的著作并不涉及这类感官解决方案。然而，对马尔库塞来说，历史的实际进程否定了历史的可能结局：当代资本主义所实现的恰恰同真正的力比多解放背道而驰——商业化的、虚伪放纵的性行为的"压抑性反升华"，堵塞并扑灭了更为深层的爱欲冲动的任何反抗。艺术也遭遇了类似的命运：艺术一度是批判性的，但现在已被整合入既定现实所赞美的文化之中，并采取了中立态度。技术转而不再隐含产生一种替代性社会的可能性：现代生产力的发展已经变得内卷化，正是这种内卷化维系了现有的生产关系。它所创造的极大富足，现在不过使得资本主义有可能将无产阶级融入一种由压迫和从众组成的大一统社会秩序之中——在这样的社会秩序中，无产阶级失去了本身作为一个单独的被剥削阶级所具有的全部自我意识。[23]这样，民主如今成了控制的规范伪装，宽容成为同质化体制内温和的操纵工具——在这种体制下，宽容已被剥夺了所有面向的否定意识，民众机械地选举自己的主子来统治自己。

显然，马尔库塞主要致力于运用弗洛伊德的学说在马克思主义领域内开发新的理论增长点；然而阿尔都塞的著述中似乎也悖论性地具备这个特点，只不过在阿尔都塞这里，对精神分析学概念的选择和改造是十分不同的。马尔库塞把弗洛伊德元心理学作了相应的调整以阐述一种新的本能理论，而阿尔都塞则直接接过弗洛伊德的无意识概念来构建一种新的意识形态理论。阿尔都塞与历史唯物主义传统概念的彻底决裂表现在他断然声称"意识形态没有历史"，因为——像"无意识"一样——在人类社会中，意识形态的结构和功能都是"永远不变的"。[24]这一格言的根据来自弗洛伊德的著述：与此相类，对弗洛伊德来说，"无意识"乃是"永恒的"。在阿尔都塞看来，意识形态是一组现实的神秘或虚幻表象，是对人与其实在生存条件想象关系的表达，也是人的直接经验中所固有的。如此看来，与其说意识形态是通常所认为的意识的一种形态，毋宁说它是一种无意识的规定性体系。作为幻觉的生存媒介的意识形态的永恒性，反过来又是运用意识形态发挥社会功能的必然结果，这一社会功能就是：通过使人们适应由占主导地位的生产方式给他们所指定的客观位置，把人们绑定在社会之中。这样，对每个历史时期的社会凝聚而言，意识形态就成为不可或缺的黏合剂。对阿尔都塞来说，作为虚假的信仰和表象总和的意识形态之所以不可避免，乃是因为所有社会结构，对置身其间并担任不同职位的个人来说，显然是不透明的。[25]实际上，所有意识形态的形式结构，毫无例外地都是对社会形态与置身其中的个人之间真实关系的一种颠倒，因为任何一种意识形态的关键机制，总是把个人形构成社会的想象的"屈从体"（subjects），以此来保证屈从之人作为某一社会秩序的盲目支持者或牺牲品而真正隶属于这个社会秩序。从这个角度来看，一般宗教

（人与上帝的"绑定"），特别是基督教，充当了所有意识形态效用的原型模型，即灌输关于自由是更好的东西的幻想以确保"必然性"的运作。斯宾诺莎就曾对意识形态的这种运作特点作过完整描述，而且正好以宗教为例——他比马克思更早，也更彻底。然而，意识形态的无意识本质，现在可以和弗洛伊德的心理无意识这一科学概念相联结并得以表达——这一科学概念本身"发端于"作为一种客观结构的家庭所特有的意识形态形式。[26]最后，作为生活经验的无意识中介，意识形态的超历史法则意味着：即使是在无阶级的社会中，意识形态的错误或虚幻体系仍然会存在，从而为共产主义社会结构本身提供至关重要的凝聚力。因为这种结构对于身处共产主义社会的个体来说，也是看不见的和无法参透的。[27]马克思主义科学永远不会和共产主义制度下群众的生活观念和信仰相一致。

　　萨特作品的结论和阿尔都塞作品的结论之间，有着某种奇怪的潜在相似性。只不过界定萨特体系的主题，区别于任何其他体系，是由"匮乏"范畴决定的。这个术语本身是由意大利哲学家伽利亚尼在启蒙运动时期所创造的：他首次把价值界定为所有经济体系中的效用和匮乏之间的比率（rarita）。[28]匮乏这个技术概念在李嘉图著作中处于边缘地位，马克思则基本上忽略了它，在马克思之后最终作为新古典经济学的一个中心范畴重又出现。不过，萨特对这个术语的使用，完全不同于伽利亚尼——因为后者认为人类的原始状态就是一种富足状态，最有用之物也是自然界中最丰富之物。[29]马克思在提到这个问题时，就比较模棱两可了：虽然他偶尔会暗示一种原始的匮乏状态[30]，但他更会经常性地暗示，在文明到来之前，由于人类需求的相对贫乏，自然界最初是相对富饶充裕的。[31]而且，马克思的价值理论也并不涉及任何匮乏议题，甚至都不会像李嘉图那样还在名义上提及它。另一方面，对萨特来说，匮乏则是人类历史的"基本关系"和"可能性条件"，既是历史发展的偶然出发点，又是历史发展的"被动推动力"。在人和自然之间并不存在原始的统一性，相反，匮乏这一绝对事实决定了自然一开始便是"人的否定"，而反过来又决定了历史是一种反自然。反对匮乏的斗争产生了劳动分工，并由此产生了阶级间的斗争：因此人自身成了人的否定。所以，暴力，也即自有文字记载以来的所有社会中连绵不断的压迫和剥削，就是内化的匮乏。[32]自然界对人的严峻主宰，以及人为了保障自己的生活而改造自然时出现的分裂和对抗，通常会产生序列化集合体——非人的集合体，成员之间既彼此异化又和自身相异化，在这种集合体中，所有成员的剩余物都被充公作为他们行动的整体结果。迄今为止，在每一种生产方式中，序列化群体一直就是主要的社会共存模式。它们形式上的对立面是"融合群体"：在这里，所有人彼此之间互为成员，为实现共同目标而联合在一个友爱的进取群体之中，身处匮乏环境之中并为战胜匮乏而斗争。融合群体的最好例证，就是处于成功革命起义末日时刻的群众运动。[33]但是，要维持自身的存在，在一个暴乱和匮乏的世界中进行一场并非势均力敌的战斗，这样的一个群体反过来必须赋予自身组织惰性和功能专业化，丧失博爱和活力，变成一种"机构"群体。等待它的则是僵化和分散：下一步就是将群体的统一性向上让渡给凌驾于其上的"主权"权威，以获得一种垂直的稳定性。国家是这种主权的最终体现，其不变的结构就是一个有限的、威权的最高阶层，通过官僚的等级制度和压迫性的恐怖，操纵着它下面的分散的序列团体。随着它的巩固，最初创立它的活跃群体再次退化为序列化的消极状态。[34]对萨特来说，如果群体和序列构成"任何历史的形式因素"的话，那么社会阶级的真实历史则是这些形式之间的复杂组合或转换。然而，阶级本身却从来没有构成作为一个整体的融合群体：它们总是一种不稳定的机器、群体和序列混合物——其中，后者通常占据主导地位。所以经典马克思主义的"无产阶级专政"概念，就是一对在术语上不可调和的矛盾，它是一种积极主权和消极序列化之间的混杂的妥协产物。[35]因为任何一个这样的阶级都不可能和国家完全一致，即政治权力不可能由整个工人阶级行使，国家从来都不是这个阶级中甚至多数人的真实表达。只要全球性匮乏和阶级分化存在一天，历史迄今所产生的所有后革命国家的官僚化和压制，就都与作为一个社会整体的无产阶级的本质和条件相联。官僚主义仍将是这个时代的社会主义所无法摆脱的伴随物和对手。

我们将看到，西方马克思主义内部在实质性主题上的接续创新，反映或预示了第一次世界大战后半个世纪以来历史赋予社会主义运动的现实核心问题。葛兰西对霸权的引人入胜的关切，预言了西方资本主义国家的共识性稳定，比它成为一种持久而普遍的现象早了20年。阿多尔诺对自然的多方面关注，在当时的法兰克福学派之中显然是一种任性的副业，却在后来帝国主义国家兴起的关于生态的广泛辩论中突然重新现身。马尔库塞的性分析，则预言了情爱约束和情爱敏感性的制度性崩溃，以及性解放，这成为1960年代中期以后许多资产阶级文化的特征。阿尔都塞关于意识形态的主要论述，直接受到同一时期发达资本主义高等教育体系内部的反抗浪潮的激发。萨特对匮乏的处理，图示化了每一次发生在落后国家的社会主义革命之后出现的官僚主义的普遍结晶，而他关于"序列"和"群体"的辩证法在很大程度上预示了二战后发达资本主义国家第一次反对资本主义的大规模起义的正式过程（1968年的法国）。每一个西方马克思主义体系在其视野范围内提出的问题解决方案价值几许或是否充分，并不是我们这里所要关切的。毋宁说，西方马克思主义所独有的理论创新的集体方向才是需要我们引出和强调的。

因为，无论在其他方面有多么不一致，所有这些思潮都有一个基本的标志：一种共同的潜在的悲观主义。在西方马克思主义自身传统之内，所有实质性的衍变或发展，都因其前景灰暗的内涵或结论而区别于历史唯物主义的古典遗产。就此而言，1920 至 1960 年间，西方的马克思主义已慢慢改变了颜色。历史唯物主义创始人以及他们的直接继承者的信心和乐观主义也已逐渐消失。实际上，这一时期的智识集合中所有引人注目的新主题，无不表露出希望的泯灭和确定性的丧失。葛兰西的理论遗产，涉及一场长期消耗战的前景，这场消耗战对抗的是比他的前辈所设想的要强大得多的，更经得住经济崩溃威胁的资本主义权力结构——这是一场没有最终清晰可见结果的斗争。葛兰西自己的一生，与他的时代和民族的工人阶级的政治命运紧密相联，他的革命气质，或可用"理智的悲观主义和意志的乐观主义"这一简洁格言来表达——再一次，唯有他有意识地感知和把握到了一种新的不为人知的马克思主义的音色。法兰克福学派的作品弥漫着忧郁的气息，缺乏任何一种可与之比拟的积极性和刚毅。阿多尔诺和霍克海默质疑人类对自然的最终控制，作为超越和摆脱资本主义的一个领域。马尔库塞唤起人类解放自然的乌托邦潜力，只是为了更加强烈地否定其客观现实趋势，并得出结论说，产业工人阶级可能被资本主义吸收了过去的回忆。阿尔都塞和萨特的悲观主义，体现在另外一个共同而重要的视阈，即社会主义结构本身。阿尔都塞宣称，即便是共产主义，对于生活在其中的人来说，它仍然是一种不透明社会秩序，用一种永恒的幻想——作为屈从体的自由——来欺骗他们。萨特则拒斥真正的无产阶级专政，认为这是不可能的，并把社会主义革命的官僚主义化解释为匮乏的必然产物，其结局在20世纪仍然是无法想象的。

这些具体的实质性的主题伴随着一般早期社会主义运动史上绝对罕见的口音和强调。它们以不那么直接的方式，明确无误地表明，在西方，马克思主义上空的历史气候发生了多么深刻的变化。在历史唯物主义传统中，此前从不曾有任何一个思想家采用诸如阿多尔诺、萨特、阿尔都塞或葛兰西的笔调和意象来写作。法兰克福学派对历史的一贯看法，在本雅明那里得到了最好的表达，所使用的是马克思恩格斯根本无法理解的语言："人们就是这样描绘历史天使的。他的脸朝着过去。在我们认为是一连串事件的地方，他看到的是一场单一的灾难。这场灾难堆积着尸骸，将它们抛弃在他的面前。天使想停下来唤醒死者，并把破碎的世界修复完整。可是从天堂吹来了一阵风暴；它猛烈地吹击着天使的双翅，以至于天使再也无法把翅膀收拢。这风暴无可抗拒地把天使刮向他背对着的未来，而他面前的断壁残垣却越堆越高直逼天际。这场风暴就是我们所称的进步。"本雅明在谈到所有关于阶级斗争的编年史时，经典地写道："要是敌人获胜，即使死者也会失去安全；而这个要做胜利者的敌人从来不愿善罢甘休。"[36]于此同时，身陷囹圄、横遭失败的葛兰西则以一种凄凉的斯多葛主义总结了那个时代革命社会主义者的使命："有些事情已经发生了根本性的变化。这是显而易见的。是什么呢？从前，他们都想做历史的把犁人，扮演积极的角色，他们每一个人都想扮演一个积极的角色。没有人愿做历史的'肥料'。可是不先对土地施肥难道就可以耕种吗？所以，把犁人和肥料都是必要的。抽象地说，他们都承认这点。但在实践中呢？肥料总归是肥料，默默无闻，无声无息，为人遗忘而归于湮灭。现在已起了某种变化，因为有些人'在哲学上'使自己适应了充当'肥料'，他们知道，这是他们必须充当的……他们甚至无法选择是像狮子一样活一天，还是像绵羊一样活一百年。你不会像狮子一样活着，哪怕一分钟，离狮子的生活还很远：你年复一年地过着比一头绵羊还远为不如的生活，并且你知道不得不那样生活。"[37]

本雅明和葛兰西是法西斯主义的受害者。然而在战后时期，在西方马克思主义内部发出的音符往往同样阴郁。例如阿尔都塞在一篇或许最为有力的文章中，能够把从出生到童年的社会发展，描述为一种"所有成年人都经历过的"严酷考验："他们是这场胜利永远不会忘记的见证者，而且往往是受害者，在他们内心最隐蔽的地方，也就是在他们最不平静的部分，承受着由这场关乎人类生死的斗争所造成的创伤、虚弱和酸痛。有些人，大多数人，或多或少毫发无损——或者至少是这样说的；这些老兵，有许多人一生都带着疤痕；有些人会因战斗而死，虽然有所间隔，但旧创会突然复发，表现为精神错乱、疯狂——‘消极治疗反应’的终极强制；为数更多的其他人，像你认为的那样‘正常’，伪装表现为‘机体’的腐烂。人类只将官方的死亡记刻在战争纪念碑上：那些在人类战争中能死当其时的人，即作为男人，在只有人狼和诸神互相撕杀且献出生命的人类战争中死去的人。"[38]萨特还用了另外一个野蛮的比喻，来描述在一个匮乏的宇宙中人与人之间的关系："但是在由实践改变了的相互性中，同样向我们显示为反人性的，因为这同一个人显示为根本就是他人——也就是说，显示为用死亡来威胁我们。或者换句话说，我们大致明白他的目的（因为他们与我们相同），他的手段（我们也有同样的手段），以及他的行动的辩证结构；然而我们似乎将他们理解为属于其他种类，属于我们的恶魔式的幽灵。一个聪明的、食肉的、残酷的种类，它能够理解和胜过人的智慧，而它的目标恰恰是毁灭人，对于人来说，没有比这种东西——甚至连野兽或细菌都比不上它——更令人恐惧的了。但是，从每一个人在匮乏的情势下对他人的观察中可以明显地看出，这个种类就是我们自己。"[39]像这样的段落，从根本上来说，属于一种与马克思、拉布里奥拉或列宁格格不入的文学。它们暴露出了一种隐含的悲观主义[40]——他们中没有人宣布过放弃反法西斯或反资本主义斗争的乐观主义意志。马克思主义通过他们之口说出了对社会主义而言曾是不可想象的思想。

至此，我们可以归纳出西方马克思主义的主要特征，这些特征将西方马克思主义界定为一个独特的传统。西方马克思主义是第一次世界大战后欧洲发达资本主义地区无产阶级革命失败的产物，它是在社会主义理论和工人阶级实践之间愈益分离的情况下发展起来的。原先因帝国主义孤立苏联而造成的两者之间的鸿沟，后来由于斯大林领导下的苏联和共产国际的官僚化而从制度上被扩大并固定下来。对于在西方兴起的新马克思主义的倡导者来说，正统的共产主义运动代表了对他们有意义的国际工人阶级的唯一真实化身——不管他们是投身进去也好，与之同盟也好，或是疏而远之也好。这一时期欧洲共产党的本质中所固有的理论与实践之间的结构分离，使界定经典马克思主义的那种把政治与思想融为一体的著述变得不再可能。结果就是，大学中的理论家与他们本国无产阶级的生活相疏离，理论也从经济学和政治学收缩到哲学之中。与这种专门化相伴而来的是语言的日愈晦涩难懂，语言的技术性障碍，成为它与群众之间的距离函数。反过来，来自不同国家的理论家们的国际知识，或者他们彼此之间的国际交流水平也在降低。与工人阶级实践的任何动态接触的丧失，反过来又促使马克思主义理论向当代非马克思主义的和唯心主义的思想体系发生位移，如今它正同这些思想体系处于密切的即便是矛盾的共生发展状态。与此同时，理论家们向哲学专业的集中，再加上马克思早期著述的发现，导致了对马克思主义在前欧洲哲学思想中的智力祖先的普遍回顾性探索，并据此对历史唯物主义本身进行了重新阐释。这一范式导致了三重后果：首先，认识论的著述占据显著优势，且基本聚焦于方法问题。其次，美学，或更广泛意义上的文化上层建筑，成为将方法实际加以运用的主要实质性领域。最后，游离于这个领域之外的主要理论偏离，发展了古典马克思主义所没有的新主题——主要是以思辨的方式——揭示了一种一贯的悲观主义倾向。谈方法是因为无能，论艺术为自我安慰，悲观主义因为沉寂无为：所有这一切都是在西方马克思主义的特质中不难感知的因素。因为这一传统的根本决定性因素在于它是失败的产物，也即1920年后的西方工人阶级经历了长期的挫折和停滞，许多挫折和停滞从任何历史角度看来都是可怕的。

但作为一个整体的西方马克思主义传统，也不能化约为这一点。无论如何，其主要思想家仍然对改良主义保持免疫。[41]尽管他们远离群众，却没有一个人像他们之前的第二国际的理论家所做的那样，比如考茨基，虽然更为接近阶级斗争却向胜利的资本主义投降。此外，他们的著作所阐述的历史经验，尽管时有禁忌和失语，但就某些关键面向而言，依然是世界上最先进的，包括对资本主义经济的最高形式、最古老的工业无产阶级，以及最悠久的社会主义思想传统的探讨。这些整体经历的财富和复杂性，连同它的苦难和失败一起，不可避免地涌入它所产生或许可的马克思主义之中——尽管总是以一种隐晦和不完备的形式。在它自己选择的领域，这种马克思主义达到了以往所有阶段的历史唯物主义都更为精致化的程度。它在这些领域所达到的深度是以牺牲其范围的广度为代价而取得的。如果说它的焦点急剧收缩的话，它的能力却并没有因此而完全丧失。今天，过去50年来帝国主义的全部经验，仍然是工人运动必须加以总结的首要的和不可回避的经验。西方马克思主义是这段历史不可分割的一部分，帝国主义国家中任何新一代的革命社会主义者，都不能简单地忽视或绕过它。同这一传统进行清算——既要学习它，又要打破它——便成为今天的马克思主义理论在当地获得重生的先决条件之一。当然，这种必要的既复兴又决裂的双重运动，不是一项排他性任务。这种双重运动的目标的性质也不允许这样的情况发生，因为最终说来，这一传统同特定地理区域相联结，恰恰构成了它的依赖性和弱点。原则上，马克思主义渴望成为一门普遍的科学，也即一种最不带有民族或大陆属性的关于现实的客观认知。从这个意义上说，"西方"这个术语难免会暗示一种限制性判断。缺乏普遍性是真理带有缺陷的标志。西方马克思主义必然比不过马克思主义，因为它是西方的。历史唯物主义只有在摆脱了任何形式的本位主义的情况下，它才能发挥其全部力量。这些力量有待恢复。

注释：

[1] 葛兰西对经济问题缄口不提。具有讽刺意味并让人难以理解的是，葛兰西最亲密的终身好友却是皮埃罗·斯拉法。葛兰西在狱中的最后几年同避居国外的意大利共产党之间的信件往来，就是由他中转的，可能他也是1937年葛兰西去世前几个月中与之讨论国际政治的最后一人。在第一次世界大战之后的年代，葛兰西这位西方最伟大的马克思主义政治思想家同斯拉法这位最有独创性的经济理论家之间不同寻常的关系——一方面个人感情亲密无间，另一方面学术观点又截然不同——是具有某种象征意义的。他们各自著述所涉及的领域似乎也毫不相干。斯拉法对新古典经济学的最终批判，跟在马克思主义自身范围内所完成的任何批判相比，更为严格，也更有摧毁力。这种非凡的成就却是跳过马克思，借助于回到李嘉图而完成的，从中产生的体系对《资本论》中的价值理论来说，几乎同样不留情面。

[2]《美学原理》(*Aesthetik*, Berlin/Neuwied 1963)。已译成英文的卢卡奇最重要的马克思主义文学评论类著作有《欧洲现实主义研究》(*Studies in European Realism*, 1950)、《历史小说》(*The Historical Novel*, 1962)、《当代现实主义的意义》(*The Meaning of Contemporary Realism*, 1963)、《论托马斯·曼》(*Essays on Thomas Mann*, 1964)、《歌德及其时代》(*Goethe and His Age*, 1967)、《索尔仁尼琴》(*Solzhenitsyn*, 1970)。除第一本外，均由梅林出版社（Merlin Press）出版，该社还翻译了前马克思主义时期的卢卡奇著作《小说理论》(*Theory of the Novel*, 1971)。

[3]《美学理论》(*Aesthetische Theorie*, Frankfurt 1970)。在音乐研究类论文中，迄今只有《现代音乐哲学》(*Philosophy of Modern Music*, London 1973) 已译成英文。三卷本《文学札记》在德国于1958年至1961年出版 (*Noten zur Literatur*, Berlin and Frankfurt am Main 1958-1961)。

[4] 参见：《启迪》(*Illuminations*, pp. 219-253)；《查尔斯·波德莱尔：发达资本主义时代的抒情诗人》(*Charles Baudelaire: A Lyric Poet in the Era of High Capitalism*, London NLB 1973)。

[5] 在布莱希特遭放逐期间，本雅明当然是和他交往密切的对话者。布莱希特自己的美学思想，固然在他那个时代的欧洲马克思主义的历史中有其明显的重要性，但比起他作为一个戏剧家所从事的写作实践来，总还是次要的，所以也就不属于本书要考虑的范围之列。布莱希特同本雅明以及卢卡奇的双重关系，参见瓦尔特·本雅明：《理解布莱希特》(Walter Benjamin, *Understanding Brecht*, London NLB 1973,

pp. 105-121），以及《新左派评论》所译载的论文《驳格奥尔格·卢卡奇》（Against Georg Lukács, in *New Left Review*, No. 84, March-April 1974）。至于阿多尔诺对本雅明和布莱希特的批评，分别参见《给瓦尔特·本雅明的信》（Letters to Walter Benjamin, in *New Left Review*, No. 81, September-October 1973）和《承诺》（Commitment, in *New Left Review*, No. 87/88, September-December 1974）。在西方马克思主义的文化发展中，这些错综复杂的意见交流，亦构成最重要的论战内容之一。

[6]《论小说的社会学》（*Pour une sociologie du roman*, Paris 1964）。

[7]《美学概论》（*Contribution à l'esthétique*, Paris 1953）。

[8]《趣味批判》（*Critica del Gusto*, Milan 1960）；《电影的逼真性》（*Il Verosimile Filmico*, Rome 1954）。

[9] 阿多尔诺最为清晰的相关阐述，参见：《作为现实形式的艺术》（Art as a Form of Reality, in *New Left Review*, No. 74, July-August 1972）。

[10] 对马拉美和丹托莱托的研究，虽仅发表了一些片段，但实际上都是长篇著作，参见孔塔和雷巴尔卡：《萨特的作品》（M. Contat and M. Rybalka, *Les écrits de Sartre*, Paris 1970, pp. 262, 314-315）。

[11]《家庭的白痴》（*L'idiot de la famille*, Vols. Ⅰ-Ⅲ, Paris 1971-1972）。萨特论福楼拜的著作和本雅明论波德莱尔的著作，虽然一个洋洋大观，一个短章小议，但两者之间有着奇特的相似性。本雅明的研究可分为三个部分：作为讽喻家的波德莱尔本人；他在其中从事写作的巴黎社会世界；以及整合诗人与资本为一体的被视为诗歌之对象的商品。萨特的研究也由三部分组成，即福楼拜个性的主观形态；第二帝国这个接受其为艺术家的客观环境；以及作为两者非凡的历史统一体的《包法利夫人》（*Madame Bovary*）。

[12]《文学和民族生活》（*Letteratura e Vita Nazionale*）是爱诺迪（Einaudi）版《狱中札记》中最长的一卷；但该卷包括葛兰西入狱前的早期剧评。

[13] 参见《列宁和哲学及其他论文》中的《意识形态和意识形态国家机器》（Ideology and Ideological State Apparatuses）、《抽象画家克雷莫尼尼》（Cremonini, Painter of the Abstract）、《一封论艺术的信》（A Letter on Art）；《保卫马克思》中的《"皮科罗剧团"：贝尔多拉西和布莱希特》（"Piccolo Teatro"：Bertolazzi and Brecht）；以及阿尔都塞《理论》（Théorie）丛书中皮埃尔·马歇雷所著《文学生产理论》（Pierre Macherey, *Pour une théorie de la production littéraire*, Paris 1966）。

[14] 值得注意的是，真正有品质且广泛涉及作为一个整体的西方马克思主义的唯一著述，竟是一部美学研究，即弗雷德里克·詹姆逊的《马克思主义和形式》（Frederic Jameson, *Marxism and Form*）。

[15] 可以看到，由德拉·沃尔佩和卢卡奇建立的主要体系，对早期马克思主义理论准则并没有多大程度的背离。也就是说，他们俩无论如何还是比较忠实于马克思本人的著作文本的（不论好坏）。青年卢卡奇著述中诸如对异化或物化主题的发展，尽管在较后期的西方马克思主义中广为传播，但也不能算是真正的革新，因为这些主题已然渗透在青年马克思的著作中。

[15] 霸权这个概念的演变和意义，将在最新一期的《新左派评论》一篇论葛兰西的文章中另作详细讨论。这篇文章应是安德森在本书"英文第四版前言"中提及的《安东尼·葛兰西的二律背反》。——译者注

[17] 葛兰西陈述这些观点的最关键段落，可参见《狱中札记》英译本（*Prison Notebook*, pp. 229-239, 52-58, 5-14）。

[18] 谢林："万物岂不都表明是一种沉沦的生命吗？这些山过去也和现在一样在升高吗？承载我们的大地是上升到现在的高度呢，还是降落到这个高度？……啊，好奇的旅行家去波斯荒野、印度沙漠所游历的那些原始人类壮丽的遗址，难道不是一堆真正的废墟吗！整个地球是一堆巨大的废墟，居住在那里的动物犹如鬼魂，人类犹如精灵，那里的许多隐蔽的力量和财宝，仿佛被看不见的神力和魔法的符咒所禁锢。"《谢林全集》，续篇第四卷（*Werke*, Ⅳ Erg. Bd., Munich 1927, p.135）。

[19] 阿多尔诺和霍克海默：《启蒙辩证法》（Adorno and Horkheimer, *Dialectic of Enlightenment*, London 1973, esp. pp. 81-119, 168-208）。

[20] 《最低限度的道德》（*Minima Moralia*, pp. 155-157）；《否定的辩证法》（*Negative Dialectic*, pp. 6, 191-192, 270）。

[21] 《爱欲与文明》（*Eros and Civilization*, pp. 35-37, 151-153）。

[22] 《爱欲与文明》（*Eros and Civilization*, pp. 164-167, 194-195, 200-208, 116）。

[23] 《单向度的人》（*One-Dimensional Man*, pp. 60-78, ⅩⅥ, 19-52）。

[24] 《列宁和哲学及其他论文》（*Lenin and Philosophy and Other Essays*, pp. 151-152）。

[25] 特别参见：《理论、理论实践和理论形式：意识形态和意识形态斗争》（Théorie, Pratique Théorique et Formation Théorique. Ideologie et Lutte Ideologique），迄今仅有西班牙版以图书形式出版，即《哲学，革命的武器》（*La Filosofla como Arma de la Revolucion*, Cordoba 1968, pp. 21-73）。其主题是明确的，即认为："在无阶级的社会中，就像在阶级社会中一样，意识形态的功能是确保人们在他们存在形式的总和中的绑定，确保个体与其由社会结构所固定的任务之间的关系……作为社会整体本质的一种功能，意识形态的变形有其社会必然性；更具体地说，作为社会整体由其结构所决定的一种功能，它使这个社会整体对那些在其中占据由这种结构决定的位置的个体来说是不透明的。由于社会结构的不透明性，社会凝聚所必需的世界表

征就必然是想象的。"（pp. 54-55）

[26]《列宁和哲学及其他论文》（*Lenin and Philosophy and Other Essays*, pp. 160-165）。

[27]《保卫马克思》（*For Marx*, p. 232）；《哲学，革命的武器》（*La Filosofia como Arma de La Revolucion*, p. 55）。

[28] 费尔南多·伽利亚尼《从货币谈起》（*Dalla Moneta*, Milan 1963）："于是，价值便是一个比率；这个比率又是由两个比率组成的，分别用效用和稀缺性这两个名字来表达。"（p. 39）他所用的这个术语后来为孔迪拉克（Condillac）采用。对李嘉图来说："具有效用的商品获取其交换价值的来源有两个：稀缺性和获取商品时所需的劳动量。"（David Ricardo, *The Principles of Political Economy and Taxation*, London 1971, p. 56. 中译文参见李嘉图：《政治经济学及赋税原理》，周洁译，华夏出版社 2005年版，第2页。）然而，实际上李嘉图在他的价值理论中，在很大程度上忽视了稀缺性，因为他认为稀缺性只适用于十分有限的奢侈品范畴（雕像、绘画、葡萄酒）。

[29] "由于奇妙的天意，这个世界是为我们的惠益而构成的，以至于效用一般说来从不和匮乏同时发生……维持生命所需要的东西如此充足地广布于整个地球之上，以至于它们就没有或相对来说几乎没有什么价值。"参见：《从货币谈起》（*Dalla Moneta*, p. 47）。

[30] 在《德意志意识形态》中，马克思写道："生产力的这种发展（随着这种发展，人们的世界历史性的而不是狭隘地域性的存在已经是经验的存在了）之所以是绝对必需的实际前提，还因为如果没有这种发展，那就只会有贫穷的普遍化；而在极端贫困的情况下，就必须重新开始争取必需品的斗争，也就是说，全部陈腐的东西又要死灰复燃。"（*Werke*, Vol. 3, pp. 34-35. 中译文参见：《马克思恩格斯全集》第3卷，人民出版社1956年版，第39页。）这段话托洛茨基在分析俄国斯大林主义兴起的原因时也有提及，在他的原因解释中，匮乏是一个中心范畴，参见《被出卖的革命》（*The Revolution Betrayed*, New York 1965, pp. 56-60）。

[31] 在《政治经济学批判大纲》中也许可以找到最有代表性的陈述："最初，大自然的赐予是丰富的，或者说，顶多只要去占有它们就行了。联合体（家庭）以及与之相适应的分工和协作，一开始是自然产生的。其实在最初，需求也是极少的。"（*Grundrisse*, London 1973, p. 612. 中译文参见：《马克思恩格斯全集》第46卷下册，人民出版社1980年版。）当然，与此同时，对马克思和恩格斯来说，"自由王国"的定义就是：超越统治前阶级社会和阶级社会的"必然王国"的物质上的极大富足。

[32]《辩证理性批判》（*Critique de la Raison Dialectique*, pp. 200-224）。在萨特和霍布斯之间所作的经常性类比，是没有根据的。对霍布斯来说，就像对伽利亚尼一

样，自然可以保障人享有原始的富足，人把自然给予的富足作为大地的果实接受下来，此外不必再干什么。参见《利维坦》（*Leviathan*, XXIV, London 1968 edition, pp. 294-295）。

[33]《辩证理性批判》（*Critique de la Raison Dialectique*, pp. 306-319ff, 384-396ff.）。

[34]《辩证理性批判》（*Critique de la Raison Dialectique*, pp. 573-594, 608-614）。

[35]《辩证理性批判》（*Critique de la Raison Dialectique*, pp. 644, 629-630）。

[36]《启迪》（*Illuminations*, pp. 259-260, 257）。

[37]《狱中札记》（*Prison Notebooks*, p. XCIII）。

[38]《列宁和哲学及其他论文》（*Lenin and Philosophy and Other Essays*, pp. 189-190）。

[39] *Critique de la Raison Dialectique*, p. 208. 中译文参见萨特：《辩证理性批判》，林骧华等译，安徽文艺出版社1998年版，第271—272页。

[40] 在这点上，有必要说说上文所论及的塞巴斯蒂阿诺·廷帕纳罗的著述。廷帕纳罗的作品是对第二次世界大战以来他称之为"西方马克思主义"的最连贯和最雄辩的拒斥。正因此才让人更为吃惊的是，在许多关键向度，他本人的作品也不由自主地跟前文讨论的范式相契合。因为廷帕纳罗的作品关注的焦点本质上也是哲学的，而非政治的或者经济的。此外，廷帕纳罗的作品也主要诉诸马克思之前的思想先辈，通过廷帕纳罗马克思主义得到实质性的重新阐释。诗人季阿科莫·莱奥帕尔迪（Giacomo Leopardi）就是廷帕纳罗至关重要的思想先辈，莱奥帕尔迪唯物主义的特殊形式被视为对马克思和恩格斯的唯物主义的有益的和必要的补充，因为他坚定地意识到了敌对的自然强加给人类的不可逾越的限制——脆弱和死亡。因此，廷帕纳罗自己作品最独特的主题不是人类最终战胜历史，而是自然最终战胜人类的不可避免性。与20世纪所有其他社会主义思想家相比，他带着一种古典的忧郁，更具有终极的悲观主义色彩。就此而言，廷帕纳罗可以被既矛盾又确定地视为他所反对的西方马克思主义传统的一部分。有理由认为，古代语言学——一门完全被从维拉莫维茨到帕斯卡利这样的非马克思主义学术主导的学科——在廷帕纳罗的思想构成中所占有的重要地位，亦与本文识别的范式相符合。话虽如此，必须立即强调的是，在其他向度，廷帕纳罗的作品与西方马克思主义的规范呈现出真实而鲜明的对照。二者之间的区别在于：廷帕纳罗的哲学从来没有被还原为一种认识论关切，而是以批判地忠于恩格斯遗产的方式，寻求发展一种实质性的世界观；因此他引用莱奥帕尔迪的思想，决非出自这样一种主张，即马克思曾受这位诗人的影响或曾了解这位诗人，或者这两种思想体系根本就是同质的，而是因为莱奥帕尔迪补充了马克思著述中缺失的而不是隐蔽的东西；他有意识地在一篇清新的散文中宣告了他的悲观主义，并为之辩护。最后，可以说，伴随这些特征而来的，是与官方共产主义力场保

持距离的自由程度，他比西方马克思主义的任何人物都更加自由。廷帕纳罗生于1923年，稀奇的是，他既不是共产党员，又不是独立知识分子，而是另一个工人阶级政党的战士——先是作为意大利社会党的左翼，后又成为意大利无产阶级团结社会党（PSIUP）的左翼。

[41] 霍克海默是唯一的一个叛逆的例子，但在法兰克福学派思想家中，他在学术上始终处于次要地位。

第五章　对比与结论

如今，工人运动的一个新时期正在到来，在可见的未来，它将结束使理论脱离实践的长期阶级停顿。在这方面，1968年的法国五月风暴所标志的正是这样一个深刻的历史转折点：在和平时期，且在帝国主义繁荣和资产阶级民主的条件下，近50年来第一次在发达资本主义国家出现了大规模的革命高潮。这场风暴的发生绕过了法国共产党。也就是说，在西欧，理论与政治发生历史性脱节的两个关键性条件，首次开始不再成立。在官僚化政党控制之外的革命群众的重新出现，使得马克思主义理论同工人阶级实践的统一再次成为潜在可能。当然，五月暴动从结果来看并非一场革命；法国无产阶级的主力军，无论在组织上还是在意识形态上，也都还没有完全抛弃法共；1968年5月到6月，在巴黎，革命理论和群众斗争之间的距离远未在一夜之间全部消除。但是，自1920年动荡时期都灵总罢工失败之后，在欧洲，这条鸿沟已被弥合到最窄。而且，法国的风暴也不再是孤立的经验。随后的几年里，帝国主义世界工人阶级反抗运动的国际风潮不断扩大，这是自1920年代早期以来从未有过的。1969年，意大利无产阶级掀起了该国历史上最大的罢工浪潮；1972年，英国工人阶级发动了有史以来最成功的一次产业工人攻势，国民经济一度陷于瘫痪；1973年，日本工人发动了迄今为止规模最大的反资本攻势；1974年，世界资本主义经济同步陷入二战后的第一

次经济大衰退。通过产业工人阶级的实际斗争开启马克思主义理论
与群众实践之间的革命循环的机会已越来越大。理论与实践的重新
统一，将改造马克思主义本身——重新创造出曾在当年产生历史唯
物主义奠基人的那些条件来。

与此同时，由五月风暴引发的一系列动荡，对发达资本主义地
区历史唯物主义的当代发展前景还产生了另外一重关键性影响。自
斯大林在苏联上台后，西方马克思主义——从卢卡奇或科尔施到葛
兰西或阿尔都塞，占据了欧洲左翼整个思想史诸多面向的舞台前沿
位置。但贯穿这一时期的，还有另外一种迥然相异的传统在"幕后"
继续存在和发展，在法国风暴时期及之后，第一次得到更为广泛的
政治关注。当然，这就是托洛茨基的理论和遗产。如上文所述，西
方马克思主义总是像磁铁一样趋向正统共产主义这个磁极，把它当
作国际无产阶级这个革命阶级的唯一历史化身。虽然西方马克思主
义从未完全接受过斯大林主义，可也从未与之展开过积极的对抗。
无论后来的思想家们对斯大林主义采取的态度有怎样细微的差异，
对他们所有人来说，在斯大林主义之外，没有其他任何有效的社会
主义行动的现实和环境。正是在这一点上，政治宇宙将斯大林主义
跟托洛茨基的作品区分开来。因为自列宁去世后，托洛茨基毕生都
在致力于将国际工人运动从官僚统治中解放出来的实践和理论斗争，
以便它能够在世界范围内重新胜利推翻资本主义。托洛茨基在1920
年代苏联共产党的内部斗争中失利，被视为以斯大林为象征的政权
体系的一个长期威胁，从苏联被驱逐出境；在流亡期间，托洛茨基
开始了对马克思主义理论最不朽的发展。[1]托洛茨基的新著诞生于一
场翻天覆地的群众动荡——十月革命，但托洛茨基主义，作为一个
理论体系，它的出生却被耽搁了：它的出生大大晚于十月革命，当
时使十月革命得以成为可能的经验已经消失了。所以，托洛茨基在
被放逐期间的第一个主要成果——对他这种身份的马克思主义理论

家来说，是非常独特的——是一部专门史著作。《俄国革命史》（1930）至今依然在许多方面代表着马克思主义历史文献的最高典范，也是唯一一部将历史学家的技巧和激情同政治领袖兼组织家的活动和记忆融为一体，对过去进行重大重构的作品。

托洛茨基接下来的一个成就，在某些方面甚至更为重大。他被孤立在土耳其的一个小岛上，虽然相隔遥远，却写了一系列有关纳粹在德国兴起的文本，作为对政治事态的具体研究，这些文本在历史唯物主义文献记录中是无与伦比的。在这一领域，就其深度和复杂性而言，列宁从未写过可与之媲美的作品。事实上，托洛茨基关于德国法西斯主义的著述是对一个20世纪的资本主义国家——纳粹独裁政权的形成——所作的第一次真正的马克思主义的分析。[2]托洛茨基主张对德国工人阶级进行干预，以便武装起来共同反抗致命危险，他终其余生保持了这种国际干预的本性。托洛茨基虽然遭到流放，从一个国家被赶到另一个国家，没有跟任何一个国家的无产阶级有过实际接触，但他仍然继续针对西欧局势写下了堪称最高水平的政治分析文章。他对法国、英国和西班牙进行了考察，掌握了这些国家的具体的社会形态，这是列宁（主要集中在俄国）从来没有做到过的。[3]最后，他首创了一套严谨而全面的关于苏维埃国家的本质和斯大林统治下的苏联命运的理论，并以经典的证据控制方式记录和发展了这一理论。[4]托洛茨基成就的历史规模到今天也依然难以被意识到。

囿于篇幅，我们在这里无法详述托洛茨基后续的思想与著述遗产。相信有朝一日，有关这另一个——被迫害、被谩骂、被孤立、被分裂的——马克思主义传统的地下水道与溪流的全部多样性，一定会有研究者跟进。估计未来的历史学家也会因其资源之浩瀚而大吃一惊。本书这里有必要对托洛茨基的两个或者说三个继承人的著作稍加评论。托洛茨基身后的第一代追随者中，天赋最高的都来自

于波兰、俄罗斯边境的东欧知识分子群体。其中，伊萨克·多伊彻
（1907—1967），生于克拉科夫附近，是非法的波兰共产党的一名激
进分子，他因不满共产国际对 1933 年纳粹主义兴起所采取的政策，
与共产国际决裂了；在毕苏茨基统治下的波兰，他置身于工人阶级
内部的一个反对派的托洛茨基主义小组战斗了 5 年。第二次世界大战
前夜，他拒绝了托洛茨基关于组建第四国际的决定，放弃了维持理
论与实践的政治统一的企图，因为他现在认为这是不可能的，并移
民英国。[5]在那里，他在战后成为一名职业历史学家，撰写了一系列
论及苏联革命进程与后果的重要著作并因此而闻名于世。尽管他和
托洛茨基之间也有分歧，但他们俩的连续性关注焦点却近得不能再
近了。托洛茨基去世前正在撰写一部有关斯大林生平的著述，而多
伊彻的第一部著作即是《斯大林政治评传》，正好是对前辈未竟事业
的接续。当然，多伊彻后来的最伟大的作品是关于托洛茨基本人的
传记。[6]多伊彻最为重要的同时代人与同事是另外一位历史学家。罗
曼·罗斯多尔斯基（1898—1967），出生于利沃夫，是西乌克兰共产
党的创始人之一。在梁赞诺夫的领导下，他以马克思恩格斯研究院
驻维也纳通讯研究员的身份开展工作，与托洛茨基团结在一起，共
同批评斯大林主义在苏联的日益巩固，以及 1930 年代早期共产国际
对德国法西斯主义所采取的政策。1934 至 1938 年间，他返回利沃
夫，投身于加利西亚的当地托派运动，同时对该地区的农奴制历史
开展了长时段的研究。第二次世界大战期间，他被德军俘虏，囚禁
于纳粹集中营。1945 年获释后，移居美国，在纽约和底特律孤立地
从事研究工作，放弃了直接的政治活动。在那里，他完成了为数不多
的论述自列宁时代以来就在欧洲出现的民族问题的重要文本之一。[7]
当然，罗斯多尔斯基的鸿篇巨著当属对马克思《政治经济学批判大
纲》及其与《资本论》关系的考察——厚达两卷本，在他去世后于
1968 年在西德发表。[8]这一对成熟时期的马克思的经济思想架构所作

的重大改造，旨在使当代马克思主义有可能重新回归历史唯物主义经济理论的主要传统，这一传统因两次世界大战期间的奥地利马克思主义的失效而中断。与同一时代的大多数理论家不同，托洛茨基本人并没有大部头的经济著作问世，而罗斯多尔斯基本人也不是一个受过训练的经济学家，作为曾经产生过布尔什维主义和奥地利马克思主义的东欧文化的一个孤独的幸存者，却基于对后代的责任感接手完成了这项工作。[9]罗斯多尔斯基的希望并没有落空。四年后，欧内斯特·曼德尔——比利时的一名托洛茨基分子，曾积极参与抵抗运动并被纳粹囚禁，第二次世界大战后在第四国际崭露头角——在德国发表了直接得益于罗斯多尔斯基的一部全面的研究性著述：《晚期资本主义》。[10]这是在经典马克思主义范畴内对第二次世界大战后资本主义生产方式的全球性发展所作的首次理论分析。

因此，源于托洛茨基的这一派马克思主义传统，在最本质的方面，与西方马克思主义传统构成了鲜明对比。它集中于政治和经济，而不是哲学。它是绝对的国际主义者，从不局限于单一文化或单一国家的关切和视野。它所使用的语言是简明犀利的，其（托洛茨基或多伊彻）最优雅的散文的文学性高于，至少不亚于任何其他西方马克思主义传统的理论家。它没有在大学里占有教席。它的成员遭追捕和取缔。托洛茨基在墨西哥被杀。多伊彻和罗斯多尔斯基被流放，无法返回波兰或乌克兰。曼德尔至今仍被禁止进入法国、西德和美国。还可以加上其他名字。试图维持理论与实践之间的马克思主义意义上的统一，即便最终不得不放弃这种统一，所付出的代价是高昂的；但是作为交换，对于社会主义的未来而言，所取得的成果也是巨大的。今天，托洛茨基的政治-理论遗产为革命马克思主义在国际范围内的任何复兴提供了核心支撑要素之一。当然，它所取得的成就也有其自身局限性和缺点。例如，托洛茨基把俄国革命的特殊公式发展成不发达世界的普遍规律，这是有问题的；他论及法国和西班牙的著述也没有论及德国的那样胸有成竹；他对第二次世界大战的判断是错误的，偏离了他对纳粹主义的分析。多伊彻对斯大林之后的苏联内部改革的前景所持的乐观态度是没有根据的。罗斯多尔斯基的主要工作，与其说是探讨性的，不如说是阐述性的。曼德尔的研究，在这一领域沉寂了这么长时间以后，特意给加上了一个副标题："一次解释的尝试"。一般来说，马克思主义理论的进步不能超越它自身的物质生产条件，也即当时的真正无产阶级的社会实践。由于被迫同全世界有组织的工人阶级主力军相脱离，再加上工业资本主义的核心地带长期缺乏革命的群众起义，不可避免地对作为一个整体的托洛茨基主义传统造成了影响。它也受到了西方工人阶级所遭遇的长期的历史失败的终极支配：实际上，它无视时代的转向，也正是这一点使它与西方马克思主义分道扬镳，招致了特殊的惩罚。它对于社会主义革命以及无产阶级民主的有效性和现实性的重申，相悖于对此予以否认的如此多的事件，使得该传统不自觉地趋向保守主义。对经典学说的守旧优先于对经典学说的发展。它对于工人阶级事业的必胜信念，以及对于资本主义分析的劫数难逃论，是基于意愿而非基于智力的判断，这是托洛茨基主义常规形式的典型缺陷。有必要对这一经验的成就和失败制作一份历史性的财产目录。实际上，对托洛茨基及其后继者的思想遗产作一次系统性的和批判性的评估，就像现在对西方马克思主义遗产进行的潜在评估一样，早就应该开展了。与此同时，自1960年代后期以来的国际阶级斗争发展，自"左翼反对派"在俄国失利之后第一次开始为与托洛茨基有关的政治思想重新出现在工人阶级的论战和活动的中心区域创造了客观可能性。只有当这种汇合发生的时候，托洛茨基政治思想的价值，才会借助于更广泛的无产阶级群众性实践批判而得到检验。

　　同样，1960年代末期以来的时局变化也对西方马克思主义产生了影响。理论与实践在摆脱了官僚主义桎梏的群众革命运动中最终重新定向统一，将意味着这一传统的终结。作为一种历史形式，当导致它产生的理论与实践的分裂被克服后，它也将随之消亡。今天，这种解体的端倪已现，但其过程决然没有全部完成。目前仍处于过渡状态。欧洲大陆的大型共产党始终是西方马克思主义的潜在引力场，它们远没有消亡；它们对本国工人阶级的支配作用并没有明显减弱，尽管它们作为革命组织的信誉在知识分子中有所削弱。上文论及的西方马克思主义的主要理论家，许多已经过世了。那些依然在世的，已经被证明不能对法国五月风暴后产生的新局面作出反应，无法推动其理论获得任何显著发展。在很大程度上，他们的思想历程可能已经终结。在这一传统影响下成长的青年一代，已经出现了某种转向，越过其前辈的哲学边界，更多关注经济和政治理论。[11]然而，这种转向常常伴之以简单地把中国的共产主义——替代过去的苏联共产主义——作为参考视界。虽然无论从组织上还是意识形态上来说作为定向极点都是更加模糊不清的，但以中国代替苏联这一做法倒也基本上保持了西方马克思主义心照不宣的政治非自主性。老一代理论家中，如阿尔都塞或萨特，或多或少也从一极直接转向过另一极，不过是确证了这一结构关系的连续性罢了。西方马克思主义传统内部根本性的创新发展，必须被看作无可估量的存在。这一传统中所剩下的老一辈理论家，他们在哲学上毕竟已流于重复或陷入枯竭。他们的弟子们的前途自然要更广阔些。

无论在其发祥地的命运如何，过去几年来，我们已经看到，产生自德国、法国和意大利的西方马克思主义被大规模地引入资本主义世界的新区域，特别是盎格鲁-萨克逊和北欧国家。这种扩散的后果是不可预见的。这些国家在历史上都没有出现过大规模的共产主义运动，迄今也都没有产生过任何重要的马克思主义理论思潮。然而，有些国家也有自己的特殊资产。特别是在英国，这个国家的工人阶级仍然是世界上最强大的产业力量之一，英国的马克思主义编年史水准或许比其他任何国家都要高。在这一地区，更为广泛意义上的马克思主义文化迄今为止保持的相对温和的局面，可能会发生令人惊讶的急剧变化。因为，不平衡发展规律也同样支配着理论的节奏和散布，它可以在较短的时间内把后进国家——受益于后发国家优势——变成先进国家。无论如何，我们有信心可以说，除非马克思主义在美国和英国——一个是拥有世界上最富有的帝国主义阶级的国家，一个是拥有世界上最古老的工人阶级的国家——占据统治地位，否则马克思主义就不足以同20世纪下半期资本主义文明所面临的全部问题较量。第三国际，甚至在列宁的鼎盛时期——当时美国和英国是世界资本主义两大中心——也未能在盎格鲁-萨克逊强国中获得任何重要的进展，揭示了历史唯物主义在其作为活的革命理论的成就达到顶峰时，其不完善的程度。今天，正处于最强而不是最弱状态的资本主义生产方式，向社会主义运动所提出的棘手科学问题，大部分仍有待解决。就此而言，马克思主义尚未完成其最艰巨的任务。如果马克思主义不能在盎格鲁-萨克逊世界成熟的帝国主义堡垒中站稳脚跟，它就不太可能直面这些难题。

因为在西方马克思主义经历了漫长而曲折的迂回之后，列宁那一代遗留下来的、由于斯大林时代理论与实践的决裂而无法回答的问题，至今仍有待答复。这些问题不属于哲学的管辖范围。它们关切的是过去50年中主导世界历史的核心经济和政治现实。由于篇幅所限，这里只能提供一份最简洁的问题清单：首先也是最重要的，作为一种国家制度，已成为发达资本主义权力规范模式的资产阶级民主，其真正的性质和结构是什么？哪一种革命战略能够推翻这种如此不同于沙皇俄国的历史国家形式？在西方，什么样的社会主义民主制度形式可以超越它？马克思主义理论几乎没有从其相互关联的角度来触及以上三个主题。在一个被阶级划分的世界，作为一个社会单位，民族的意义和位置何在？特别是，作为过去两个世纪的一种自然力群众现象，民族主义的复杂机制何在？自马克思和恩格斯的时代以降，这两个问题都没有得到过充分回应。作为一种生产方式，当代资本主义的运动规律是什么，它们有新的特殊危机形式吗？作为一种国际经济政治统治体系，帝国主义的真实结构是什么？自列宁和鲍威尔以来，形势早已发生变化，而对这些问题的研究才再次刚刚开始。最后，从落后国家（countries）的社会主义革命中产生的官僚国家（States）的基本特征和动力是什么，就它们既相互统一又相互区别的意义上而言？无产阶级民主在俄国革命后已被摧毁，接着又怎么会在从一开始就没有无产阶级民主传统的中国和其他地方发动革命？这一进程的明确界限又是什么？托洛茨基对前者展开过分析，但他并没有活着看到后者的发生。正是这一连串问题构成了对当代历史唯物主义的主要挑战。

正如我们看到的，解决这些问题的先决条件，是在工业资本主义的老家兴起一场没有组织束缚的群众革命运动。只有到那时，方才有可能出现社会主义理论与工人阶级实践之间的新的统一，进而赋予马克思主义必要的力量以生产它今天所缺乏的知识。未来这种理论以何种形式出现，以及它的承载者，都是无法预测的。然而，认为它必将重复过去的经典模式，肯定是错误的。事实上，迄今为止所有主要的历史唯物主义理论家，从马克思或恩格斯本人到布尔什维克，从奥地利马克思主义到西方马克思主义的领导人物，都来自有产阶级中的知识分子——通常还是来自门第较高的而不是较低的资产阶级家庭。[12]葛兰西是其中绝无仅有的出身贫寒的案例，但即便是他也远非出身于无产阶级家庭。在这一范式中，人们不得不看到，国际工人阶级作为一个整体，从世界历史角度来看，暂时还没有成熟。想一想由布尔什维克老卫兵所组成的脆弱的政治领导层对十月革命造成的后果就已足矣——他们绝大多数都来自俄国知识分子阶层，驾凌于基本未受过教育的工人阶级之上。老卫兵和无产阶级先锋队都在1920年代被斯大林轻易铲除，这和他们彼此之间的社会鸿沟不无关系。一个能够取得持久自我解放的工人运动，将不再重复这种二元对立。葛兰西所设想的产生于无产阶级队伍本身的"有机知识分子"，尚未在社会主义革命中扮演他相信属于他们的结构性角色。[13]西方马克思主义所特有的极端玄奥形式，是葛兰西意义上的"传统知识分子"的通病，在那样一个时代，社会主义理论与无产阶级实践之间没有或几乎没有任何接触。但从长远来看，马克思主义理论的未来发展，将是在帝国主义世界稳步获得文化技能和自信的产业工人阶级自身有机产生出来的知识分子肩负的使命。

最后，可用列宁的话作为总结。他的著名格言"没有革命的理论，就不会有革命的运动"经常被引用。然而，他也以同样的分量写道："正确的革命理论……只有同真正的群众性的和真正的革命运动的实践密切地联系起来，才能最终形成。"[14]列宁说的这两句话都没错。革命的理论工作确是可以在相对孤立的条件下开展，如马克思在大英博物馆，列宁在战火纷飞中的苏黎世，但理论只有同工人阶级自身的集体斗争相结合，才能获得正确的和最终的形式。近代史上常见的那种仅仅在形式上成为某个政党组织的成员，不足以提供这样一种联系：与无产阶级的实践活动紧密相连是必要的。仅在小的革命团体中有战斗精神也是不够的：必须与真正的群众相结合。反之，与群众运动相结合也还是不够的，因为后者有可能是改良主义的；唯有群众本身是革命的，理论才能完成其卓越的使命。成功追求马克思主义的这五个条件，第二次世界大战后，还从未在发达资本主义世界的任何地方集合过。不过，这些条件重新出现的前景如今终于变得明朗起来。当真正的革命运动诞生于成熟的工人阶级内部时，理论的"最终形式"将不会有一模一样的先例。现在只能说，当群众自己开口说话时，50年来西方所产生的那种类型的理论家们就不得不闭嘴了。

注释：

[1] 虽然，在托洛茨基十月革命前的著作《结局和前景》（*Results and Prospects*）中，这一发展已见端倪。

[2] 这一断言貌似自相矛盾，我们在其他地方予以讨论。托洛茨基论德国的这些文章竟然在1970年第一个德文版本之前一直未能汇编成书出版。这也成为托洛茨基思想遗产命运的象征。英译本现可参见《反对德国法西斯主义的斗争》（*The Struggle Against Fascism in Germany*, New York 1971）。

[3] 这些论文现在分别收录于《法国往何处去？》（*Whither France?*, 1970）、《论不列颠》（*On Britain*, 1973）和《西班牙革命》（*The Spanish Revolution*, 1973），皆于纽约出版。论不列颠的著述大部分写于1920年代之后。但上述论文集中没有收进托洛茨基写于1930年代的一些重要文章。

[4] 尤其是《被出卖的革命》、《苏维埃国家的阶级本质》（*The Class Nature of the Soviet State*）和《捍卫马克思主义》（*In Defense of Marxism*, New York 1965）。

[5] 多伊彻的早期经历，参见丹尼尔·辛格的《以笔为武器》，收录入霍洛维茨编的《伊萨克·多伊彻其人及其著作》（Daniel Singer, Armed with a Pen, in D. Horowitz, ed., *Isaac Deutscher, The Man and His Work*, London 1971, pp. 20-37）。

[6]《武装的预言家》（*The Prophet Armed*, 1954）、《未武装的预言家》（*The Prophet Unarmed*, 1959）、《被放逐的预言家》（*The Prophet Outcast*, 1963）。

[7]《弗里德里希·恩格斯与"无历史的民族"问题》（*Friedrich Engels und das Problem der "Geschichtslosen Völker"*, Hanover 1964）。关于罗斯多尔斯基的传记，参见《第四国际》（*Quatrième Internationale*, No. 33, April 1968）中的相关介绍。

[3]《马克思〈资本论〉的发生史》（*Zur Entstehungsgeschichte des Marxschen Kapitals*, Frankfurt 1968）。

[9]《马克思〈资本论〉的发生史》（*Zur Entstehungsgeschichte des Marxschen Kapitals*, pp. 10-11）："从职业来说，作者既非经济学家，又非哲学家。要是能有更适于承担该项任务的马克思主义理论家学派的话（就像他们在20世纪的头三分之一时段所做的那样），他本不必去冒险写这样一部评论《政治经济学批判大纲》的书。但可惜的是，上一代著名马克思主义思想家大多已成为希特勒或斯大林恐怖统治的牺牲品。"

[10]《晚期资本主义：一次解释的尝试》（*Der Spätkapitalismus. Versuch einer*

Erklärung, Frankfurt 1972）。[增补的英文版（London NLB 1975）删去了德文版的副标题。]

[11] 其中最引人注目的是尼克斯·普兰查斯的著作：英译本《政治权力和社会阶层》（Nicos Poulantzas, *Political Power and Social Classes*, London NLB/SW 1973）和《法西斯主义与专政》（*Fascism and Dictatorship*, London NLB 1974）。

[12] "小资产阶级知识分子"这种通常称呼，对上述大多数人来说并不适用。因为他们当中许多人都来自富有的制造商、商人和银行家家庭（恩格斯、卢森堡、鲍威尔、卢卡奇、格罗斯曼、阿多尔诺、本雅明、马尔库塞和斯威奇），以及大地主家庭（普列汉诺夫、梅林、拉布里奥拉）和高级律师或官僚家庭（马克思和列宁）。

[13] 迄今为止，来自西方工人阶级队伍本身的最为杰出的社会主义思想家，或许是一位英国人，雷蒙德·威廉斯。威廉斯的著作，就其典型地聚焦美学和文化而言，与西方马克思主义范式是十分契合的，因而还不是马克思主义意义上的著作。不过，稳定而自信地贯穿其中的阶级历史赋予这部作品在当代任何其他社会主义著述中都无法找到的某些品质，而这些品质将成为未来任何一种革命文化的一部分。

[14]《共产主义运动中的"左派"幼稚病》（Left-Wing Communism: An Infantile Disorder, *Selected Works*, Vol. III, p. 378）。

后 记

　　本书所得出的上述结论，今天一定会激发某些保留意见。因为这些结论缺乏某些必不可少的限定和区分，没有这些限定和区分，这些结论的逻辑就只能是一种化约逻辑。它们的启示录式的调子本身就已经有回避或忽略困难之嫌。而要对这些困难作适当的探讨，且不说解决这些困难，则需要另文详述。因此，这里所能做的，最多只能是简要说明一下前述文本建构上的主要缺点——毕竟，这无需费太多笔墨。本书通篇论述，并在行将结束时强调指出：马克思主义理论只有直接同群众革命运动相联系，方能取得其合适的形式。当群众革命运动实际上缺席或遭受失败时，马克思主义理论难免就会变形或黯然失色。这一无处不在的主题的预设前提，当然是传统上被认为界定马克思主义认识论自身的"理论与实践的统一"原则。本书中有一些暗示，表明这二者之间的关系要比人们习惯上承认的复杂得多；但是整体而言，本书持续申明，20世纪的科学与阶级，以及历史唯物主义与无产阶级暴动，从根本上是联结在一起的。不过，对于所假定的理论与实践的统一的实际条件或精确范围，本书并未涉及。结果是，本书得出的结论招致一种"激进主义分子"解读：它的论题在科学上站不住脚，在政治上是不负责任的。

　　正如本书最后几页内容所指出的那样，对马克思主义的任何解释，都会遇到难以克服的阻力。奇怪的是，以前并没有人经常提及这一点。如果马克思主义的准确称号是历史唯物主义，那它就必须首先是一种历史理论。然而，历史显然就是过去。当下和未来当然也是历史的，这也正是马克思主义内部关于实践作用的传统戒律的不自觉的指涉。然而，过去是不能被当下的任何实践所更改的。过去的事件虽然总要被后世重新解释，过去的时代也总要被重新发现，但从任何严肃唯物主义意义上来说，它们都是无法改变的。从政治层面来说，活在实际的现在和可预见的未来的男女老少的命运，对一个社会主义者来说，比起其他所有考虑，要重要得多。然而，从科学角度来看，可确定的知识占绝对优势的领域是死者的王国。过去是无法修正和抹杀的，同行动尚未完成的现在相比，过去是更可把握的确定性存在。如此一来，对于任何可能的历史科学来说，在知识与行动、理论与实践之间，总会存在一种固有的分裂。任何负责任的马克思主义，既不能放弃理解过去的浩瀚宇宙的任务，又不能声称有权对过去进行物质改造。所以，尽管有种种值得嘉许的诱因，马克思主义的理论并不能被等同于革命的社会学。用现在颇为时髦的话来说，它决不能被化约为"时局分析"。因为从定义来看，当下转瞬即逝。把马克思主义局限在当代，就是使它永远被遗忘，现在一旦退回到过去，它就不再可知了。[1]很少有社会主义者会不同意这一点。但令人困惑的是，迄今为止，还从来没有人对历史唯物主义中的历史的确切准则开展过适当的讨论。它和任何一种哲学实用主义都是不相容的。在这个意义上，马克思主义或许还没有完全认真对待它是一门"历史科学"的主张。因为历史唯物主义这一光荣的称号，只能通过对它的两个关键术语的现实性的虚心尊重才能获得。这就要求对理论与实践的统一这个概念加以限定。国际工人阶级在20世纪面临的重大政治问题——本书已经强调了它在西方马克思主义传统中的缺位——当然仍旧要服从理论与实践的统一这个概念的规制。但是这条准则的确切形式和转变却从来没有人好好研究过。不过，倘若西方马克思主义者能放弃他们常常归咎于理论与实践相统一所造成的一般的、不加批判的普遍性，或可有助于马克思主义者把注意力更加精准地聚焦于革命理论得以产生的特定社会条件，以及使之生效所需的特定科学方案。

这并不是说应当在历史唯物主义中区分出两个互不相干的封闭领域：一个主动的"政治学"和一个被动的"历史"——一个完全被群众的潮汐实践左右，另一个则完美地不受群众实践支配。而是应当提出一个迄今为止被过分忽略的问题，即在整个马克思主义文化中"历史编纂学"与"理论"之间的实际的和潜在的关系问题。现代历史书写的政治决定性，无论是马克思主义的还是非马克思主义的，已是众所周知的事实，无须重申。（当然，它们并不构成一种经典意义上的理论与实践的统一形式。）然而，对于马克思主义内部现代政治或经济理论书写可资利用的或必要的历史习得，却并没有人经常仔细考虑。事实上，马克思主义历史编纂学的进展，对于马克思主义理论发展具有潜在的极端重要性，这应该是显而易见的。可是，尽管在几乎所有发达资本主义国家中都形成了马克思主义历史编纂学的重要流派，却不能说作为一种理论体系的历史唯物主义已经从中获得了相称的好处。实际上，相较而言，迄今为止把马克思主义的历史发现同马克思主义政治学或经济学整合起来的做法并不常见。如果联想到经典马克思主义时代并不存在此类专业的历史编纂学的话，这种反常就更加让人触目惊心了，尽管它在较晚的时代出现以后，对后经典马克思主义也并未产生多少值得一提的影响。鉴于其新生性，它对整个历史唯物主义的结构的重要性尚有待观察。至少可作这样的猜测，即"历史"与"理论"之间的平衡或可在今后任何一种马克思主义文化中得以矫正，从而改变其目前的构型。

本书中还有一个着重点需要作相应调整。"理论与实践的统一"这个标记，是用来在经典马克思主义与"西方"马克思主义之间开展一种结构性对比的。这种对比当然不是虚构的。然而，这样的表述方式倾向于使得经典马克思主义免于一种非批判性审视。当然，经典马克思主义与当时工人阶级斗争的实践统一，确实使它优于其后的传统，这使它在历史唯物主义中似乎已成为一种绝对的衡量标准。然而，一旦理论与实践的统一这条准则被相对化后，即便是与工人阶级最密切、最英勇地联系在一起的科学，也必须经受经常性的和一丝不苟的重新评估。如果说本书并没有把经典马克思主义描述为完美无缺的话，那么本书所说的它的局限性，本质上呈现为一种不完备性——事实上，是一种缺陷，这种不完备性或者缺陷只能依靠理论的进一步发展来弥补，可惜，这是西方马克思主义后来所无法做到的。在经典遗产中——或许也有些成分与其说是不够完备的，毋宁说是不够正确的——对这种可能性没有给予足够的严肃对待。某种程度上，正是由于对过去的历史——第一代马克思主义者作为他们的"当下"经历的历史——知识的积累，这些历史知识并不能为他们所用，在今天允许和责令我们对他们的著述进行新的科学的审视。

换言之，经典马克思主义应该像从中衍生出来的后经典传统一样，接受严格的审视和批判性评价。鉴于几乎所有严肃的社会主义者都对经典历史唯物主义大师们怀有崇敬之情，且迄今从未对这些保持同等坚定革命立场的大师们开展过任何学术批判，实施这样一个计划，与审视和评价西方马克思主义相比，需要付出更大的勇气和展现出更平静的心态。然而，最大程度的尊重与最大程度的清醒是相一致的。今天，对经典马克思主义的研究，需要把严谨的学术知识和诚实的质疑精神结合起来，虽然这一点尚未做到。在战后时期，在这一领域里最好、最具原创性的作品所采取的一般形式就是，对一个经典文本或一位经典作家（马克思、恩格斯或列宁）进行巧妙的重新解释，去驳斥关于另外一个经典文本或另外一位经典作家的传统观念，其目的通常是为了反对资产阶级对马克思主义本身的批评或误读。今天，有必要放弃这种做法，转而审视经典马克思主义文本自身的资历，无须事先预设它们的必然连贯性和正确性。实际上，当代社会主义者最重要的责任，也许是析出经典马克思主义的主要理论弱点，澄清其历史原因，并予以补救。允许错误的存在是任何一门科学的标志之一：自命没有错误，只会降低历史唯物主义自我宣称为一门科学的信誉。应该严肃对待马克思与哥白尼或伽利略之间的典型对比，如果需要在他们之间进行对比的话：今天，已经没有人会设想哥白尼或伽利略的著作中不存在严重的错误或者矛盾。他们作为现代天文学和物理学的先驱，在一门科学发展的萌芽阶段，就一定会犯一些不可避免的错误。马克思主义先验地必然也是如此。这一传统的经典文本所提出的核心问题，显然无法在这里探究。然而，仅仅在形式上断言如此行事具有必要性，而缺乏具体针对性，无异于一种象征性的虔诚。因此，在本书的最后，经典马克思主义遗产中看上去不那么充分或者不那么令人满意的几个关键领域，或许是可以指出的。对这些领域所作的简略评述，自然不能自命是对所关切议题的适当论述。它们不过是几个需要在其他地方进行详细探讨的问题的快速信号标罢了。为方便起见，这里只涉及经典马克思主义传统中的三位杰出人物的著述——他们是马克思、列宁和托洛茨基。

关于马克思全部成就的伟大之处，无须赘述。实际上，正是他对未来的一般视野的范围，在某种意义上使得他在审视自身所处时代的"当下"时存在着地域幻觉和近视。若非马克思当初间或超越了他所生活的19世纪后半叶的共时性的话，他就不可能在20世纪后半叶仍保持如此重要的政治和理论地位。他的错漏和疏忽，可以说是为自己的预言所付出的典型代价。现在，正是可资利用的有关资本主义历史的科学知识的总和——比当年可供马克思当支配的历史知识的总和要大得多——允许今天的历史唯物主义超越马克思的预言。正是在这一意义上，从当代视角来看，马克思的著述中似乎存在着三个方面的重要不确定性。

（1）其一是他对资本主义国家的论述。实际上，他的早期著述既已着手对后来成为资产阶级民主的结构进行理论化——那时，欧洲任何地方都还不存在资产阶级民主——但是在一个非常抽象的哲学层面上。接着，在1848年至1850年间，他写了一部具体研究拿破仑三世在法兰西建立的特殊的独裁国家[2]的历史学著作——那是他仅有的一次此类冒险。此后，他从来没有直接分析过他后半生所生活的英吉利议会国家。要说还有什么的话，那就是他倾向于把"波拿巴主义"概括为现代资产阶级国家的典型形式——因为他对"波拿巴主义"的政治记忆就是它在1848年所起的反革命作用。合乎逻辑地，当1870年法德战争中法兰西第二帝国战败，大资产阶级建立法兰西第三共和国时，他就没法对它进行分析了。最后，由于对"军国主义的"波拿巴主义抱有成见，相形之下，他似乎低估了"和平主义的"英国、荷兰和美国资产阶级政府的镇压能力，有时他似乎认为，在这些国家中，社会主义仅凭和平的选举的手段就能实现。结果就是，马克思根本没有创作出任何一部连贯的或比较性的关于资产阶级权力的政治结构的著作。他早期的政治-哲学著述和他后期的经济著述之间，存在明显的脱节。

（2）与这一失败相关联的，似乎是他不甚理解自己所生活的那个时代后期的本质。尽管马克思是他生活的年代唯一一个理解1850年后资本主义生产方式的经济物力论的人，这种经济物力论将会改变世界，但他似乎从未记录下国际上伴随而来的国家体系的巨大转变。1848年革命的失败看来已使马克思深信，资产阶级革命再也不可能发生，因为资本现在到处都害怕工人（所以法国和德国在那一年背叛了工人）。实际上，马克思生前曾见证过德国、意大利、美国和日本等地发生的一连串资本主义革命的胜利。但这些革命都是在民族主义，而不是在民主主义的旗帜下进行的。马克思认为，资本主义会在一种新的普遍主义中逐渐削弱并取消民族性：事实上，它的发展反而唤起并加强了民族主义。马克思未觉察这一点，结果使他在1850年代和1860年代犯了一系列严重的政治错误——当时欧洲政治的主要戏剧事件都与民族主义斗争息息相关。因此，他对意大利的复兴运动怀有敌意，对德国的俾斯麦主义不屑一顾，对美国的林肯大加赞赏，对巴尔干国家的奥斯曼主义表示赞同（后者源自他对1848年革命的另一个"不合时宜"的偏见，即他对俄国的担忧）。他把有关民族和民族主义特性的关键的理论沉默留给了以后世代的社会主义者，并造成了十分有害的影响。

（3）即便是马克思最伟大的成就，即《资本论》的经济结构也难免受到一些可能的质疑。最为引人注目的质疑正是对马克思提出的价值理论的关切。除了他因把匮乏排除作为决定因素（与李嘉图相比较）给他造成的困难之外，还有劳动投入本身的时间确定问题（与斯拉发比较），特别是在把劳动转换成作为计量介质的价格时也遇到了十分棘手的麻烦（既与科学性规范标准相矛盾，又与把剩余价值的发现和氧气的发现进行比较的惯常做法相矛盾）。整个价值理论的另一个令人不安的向度，是生产性劳动和非生产性劳动本身的区分问题。这种区分对价值理论很重要，却从未被马克思或其继承者在理论上予以整理成典或在经验上予以确立。《资本论》体系得出的最危险的结论，是利润率普遍下降的一般原理，以及资产阶级与无产阶级之间的阶级分化日益加剧的信条。两者都还没有得到充分的证实。第一个结论暗示，资本主义的内在机制会导致资本主义的经济崩溃；第二个结论暗示，如果不解决无产阶级的贫困化问题，生产劳动者这一庞大的工业劳动阶级就会在极少或没有中间群体的情况下最终以绝对多数优势压倒一小撮资产阶级而导致资本主义的社会崩溃。马克思晚期著述中之所以缺少任何严格意义上的政治理论，逻辑上来讲，或许同他经济理论中潜在的灾变论有关，这使得政治理论的发展显得多余。

列宁的情况则涉及另外一系列问题。与马克思和恩格斯不同，列宁不仅是原创理论的作者，而且是政治实践的建筑师——他最终组织了一场社会主义革命并建立了一个无产阶级国家。所以，在他这里，理论与实践的关系，和他的理论主题本身之间的关系，同样重要。他的生平和他的著述所提出的主要问题，都和无产阶级民主（党内的和国家的）以及资产阶级民主（西方的和东方的）有关。

（1）列宁在《怎么办？》一书中关于高度集中的新雅各宾式政党的初始理论，显然是以专制俄国的秘密条件和立宪制德国的合法性条件间的区分为前提的。随后，他根据1905年至1908年革命期间所发生的群众暴动对该理论多少作了些整理，但从来没有正式对该理论进行过修正或修改。1917年，苏维埃在俄国的复兴，使列宁相信工人委员会是无产阶级政权的必要革命形式——与欧洲资产阶级政权的普遍形式形成对比，他在《国家与革命》中对苏维埃的著名解释，使马克思主义的政治理论第一次获得真正的发展。然而，无论当时还是在其后，列宁都没有把他的政党学说和他关于俄国等地的苏维埃问题的论述联系或整合起来。他在论及前者的文本中没有提及后者，而在论及后者的文本中对前者也缄口不言。结果就是，国内战争爆发后，从《国家与革命》中激进的苏维埃民主主义，迅速转向俄国政府实际上实行的激进的政党独裁主义。在内战之后的演讲中，列宁曾提及苏维埃的衰落，但是并没有表达持久的关切和真心的遗憾。列宁关于在苏联恢复无产阶级民主以反对沙文主义的官僚制侵蚀的最后药方，也只是提议在党内而不是在阶级或国家内进行有限的内部变革：在他的政治意愿中没有暗含苏维埃的内容。这里涉及的理论失败，或许与列宁及布尔什维克在内战期间和内战之后在对反对派进行政治镇压的实践和辩护中所犯的实际错误有关。马克思主义历史学家对此加以实事求是的研究之后，也许会证明这种镇压往往是没有必要的和倒退的行为。

（2）列宁的职业生涯是从在《怎么办?》一书中承认西欧和东欧之间存在根本的历史区别开始的。其后他又多次，特别是在《共产主义运动中的"左派"幼稚病》中，提到这一点。但是他从未严肃地把它当作马克思主义政治反思的对象本身。值得一提的是，在他或许最伟大的著作《国家与革命》中，他在讨论资产阶级国家时完全是泛泛而谈——从他的论述方式来看，资产阶级国家仿佛可以存在于世界上任何一个地方。实际上，刚刚被二月革命推翻的俄国，在范畴上有别于德国、法国、英国或美国，而列宁引证的马克思恩格斯语录所涉及的正是这几个国家。由于未能明确区分封建独裁和资产阶级民主，列宁不自觉地给后来的马克思主义者留下了无休止的困惑，这实际上阻止了他们在西方发展出一种有说服力的革命战略。这项工作只能建立在有关发达资本主义代议制资产阶级民主国家及其不同于沙俄独裁统治的同意与胁迫机制的特殊组合的直接而系统的理论基础上才能完成。这一理论闭塞导致的实际后果是，列宁所创立和指导的第三国际无法在1920年代广泛扎根于现代帝国主义的最大中心——英国和美国的盎格鲁-萨克逊世界。在这些社会中需要另一种类型的政党和另一种类型的战略，但没有被创立出来。列宁关于帝国主义的经济著作，在1916年写成之时是一个相当大的进步，然而仍旧主要是描述性的，并且在一战结束后倾向于表明现代资本主义没有能力从其灾难中恢复过来，这在共产国际的许多文件中都能找到官方表述。这样，一种隐性的经济灾难论再一次发挥了功用，使得社会主义的活跃分子免于费力发展一种有关国家结构的政治理论，他们原本不得不以这种政治理论为指导在西方开展斗争。

关于托洛茨基的著述，目前尚无多少严肃的理论评价。在革命家生平传记中，多伊彻出品的托洛茨基传可能是最广为传诵的本子，奇怪的是，与其同时或在其之后却没有对托洛茨基的思想进行任何比较系统的研究——也许某种程度上是因为多伊彻本子的优点掩盖了这样做的必要性吧。从时代性来看，托洛茨基的著述和今天的政治论战，而不是和其他古典传统理论家的政治论战，更为接近。对托洛茨基的著述开展迄今普遍尚未接受过的冷静而又诚实的分析是必要的。它所涉及的主要困难或可归纳如下。

（1）托洛茨基提出"不断革命论"用以解释和预言俄国革命的道路。这已被证明是正确的：俄国没有发生过资产阶级革命，没有出现过作为中间物的资本主义稳定发展期，工人起义在沙皇专制结束后短短几个月之内便建立起一个无产阶级国家；这个国家一旦被孤立在一国范围之内就不能建立社会主义。然而，1924年后，托洛茨基把他关于俄国革命的公式加以普遍化，把整个殖民地和前殖民地世界也包括在内，宣称今后在任何落后国家中，不可能再有成功的资产阶级革命，在无产阶级革命之前，也不可能有一个资本主义稳定发展的阶段。取得民族独立和解决农民问题，经常被引证为任何殖民地的资产阶级都不可能实现的两件大事。一战后的历史经验更加模棱两可。阿尔及利亚革命就和前一个判断相矛盾；而玻利维亚革命又和后者相抵触。并不时常被提及的第三个标准，是代议制（议会制）民主的建立：印度联盟30年的历史表明，这或许也是可以办到的。也许有人退而争辩说，没有哪个前殖民地国家符合以上所有三个标准，或者说，由于帝国主义、高利盘剥及腐化堕落在其中的作用，没有哪个国家获得过真正的独立、真正的农民问题的解决以及真正的民主。但是，对于这种类型的资产阶级革命标准的任何过度延伸，要么会使不断革命的理论本身倾向于成为一种同义反复

（只有社会主义可以使一国完全脱离世界市场或解决农民的所有问题），要么需要为这种延伸提供证据，这种证据即使发达资本主义国家本身也永远不可能予以完全印证（譬如，这些国家花了许多个世纪才实现资产阶级民主，中间还穿插着许多类似当代印度那样的倒退）。所以"不断革命论"必须被看作迄今尚未得到证明的一般理论。或可认为，这一困难源于该理论太过拘泥于马克思1850年的某个文本，而这种对马克思著作不敢越雷池一步的做法，则未必会确保科学的精确性。

（2）托洛茨基论及法西斯主义问题的著述，是整个经典马克思主义中对现代资本主义国家所作的唯一直接而成熟的分析。它们的质量优于列宁的任何著述，然而，这一分析所涉及的对象却是20世纪资产阶级国家的一种非典型形式——尽管它在当时显得势头凶猛。为了把法西斯国家的特异性理论化为所有工人阶级最致命的敌人，托洛茨基当然必须提供一种与资产阶级民主国家相反的理论素材，以建立两者之间的对比。所以，在他的著述中，论述资产阶级民主的材料，与先辈们的相关著述相比，是更为丰富的。不过，托洛茨基却从来没有对此进行系统的论述。这样一种理论的缺失，对他在纳粹主义胜利后所进行的政治判断产生了决定性影响。特别是，他在论述德国问题的文章中曾强调争取小资产阶级同工人阶级结成联盟的极端必要性（以俄国的反科尔尼洛夫集团为例），在论述法国国民阵线的文章中却摒弃了当地小资产阶级的传统组织——激进党，把它仅仅看作原则上必须从所有反法西斯同盟中排除出去的一个"民主帝国主义"政党而已。同样的转变显然也可以在他论述西班牙内战的文章中找到，虽然作了一些限定和修正。然后，第二次世界大战开始时，托洛茨基把当时的国际冲突等同为第一次世界大战时帝国主义之间的冲突加以谴责，认为工人阶级在这场战争中不应选择任何一方——尽管一方是法西斯性质的，而另一方是资产阶级民主性质的。托洛茨基采取这一立场的理由是，他断言整个帝国主义世界在1930年代无论如何正在向经济灾难的方向恶化，所以对工人阶级来说，区别对待资本主义国家的两种形式已不再具有实践意义。这一理论演变的错误之处似乎是显而易见的。托洛茨基本人早年关于德国问题的著述，成为他后期关于战争问题的著述中最好的驳斥对象。当然，一旦苏联遭到德国的攻击，托洛茨基就会改变他对世界冲突的立场。但是，似乎诱使托洛茨基后期出现错误的经济灾变论，从列宁开始便始终存在于第三国际，正如我们所看到的，其终极根源则在马克思那里。

（3）托洛茨基是提出工人国家官僚化理论的第一位马克思主义者。他在1930年代对苏联开展的论述，以任何标准检视，都不失为一个大师级的成就。然而，系统性镇压和剥削工人阶级的"工人国家"这一概念的所有含义和悖论，或许不可避免地，从未在他那里探讨过。特别是，他遗留下来的理论，不太可能预言或解释为何会出现这种不同于俄国类型的国家，在那里要么没有可比较的工业无产阶级（中国），要么没有可比较的自下而上的革命（东欧），却建立了明显相似的历史体制——事先没有经历任何蜕化。后来，围绕"斯大林主义"概念扩大化的论战，反映了这一理论困难。托洛茨基关于官僚化的工人国家的性质的一般理论，还在他的下列论题中遇到了进一步的麻烦，他认为，为了恢复被篡夺权位的官员等级所抛弃的无产阶级民主，非得采取强制性的"政治革命"不可。这一前景一再被苏联事态的发展所证实，这与多伊彻等人的希望背道而驰，他们相信自上而下对官僚统治进行渐进的和平改革是有可能的。但其前提显然是：先前存在过的原始无产阶级民主被查抄没收了，因此可以通过直接的政治反抗得以恢复。然而，在中国、越南和古巴，"政治革命"的概念在历史上似乎就远没有那么明显的说服力，因为这些国家原先就不存在什么苏维埃，所以也就无从恢复。换句话说，在这些国家，棘手的难题是：要确定在什么时期才能把一场"政治革命"看作是切合时宜的、非乌托邦式的目标。托洛茨基对于这一切即使在俄国怎样才可能发生的问题，并没有作出多少场景设想。此后，如何能够或者应该在中国或古巴实现这一目标，实际上也没有任何讨论。所以，跟任何"工人国家"或"政治革命"概念相关的一些最重要的问题，仍未获得解决。

这些就是对历史唯物主义经典文献研究提出的一些典型问题。记录这些问题，决不是对历史唯物主义最伟大思想家的不尊重。实际上，幻想马克思、列宁或托洛茨基已经成功地解决了他们所生活时代的所有问题——更不要说那些在他们身后出现的问题，那才是荒谬的。所以，马克思没有破解民族主义之谜，列宁没有阐明资产阶级民主的影响，托洛茨基没有预见到没有苏维埃的革命，这无需大惊小怪，也无可指责。而且，他们的丰功伟绩也并不会因为这里所列举的他们思想中的疏漏或错误而有所减损。因为他们所代表的传统总是以一种与典型偏向哲学的西方马克思主义不同的方式跟政治经济结构关联在一起，同样的议题，在实践上甚至重又作为普遍问题而出现在当代世界的所有社会主义活跃分子面前。我们已经看到，迄今为止这些议题何其众多又何其引人注目：资产阶级民主的基本性质是什么？民族国家的职能和未来是什么？作为一种体系的帝国主义的实质特征是什么？没有工人民主的"工人国家"的历史含义是什么？怎样在发达资本主义国家发动一场社会主义革命？国际主义怎样才能成为一种真正的实践，而不仅仅是一种虔诚的理想？在前殖民地国家，怎样才能在相似条件下避免先前历次革命失败的命运？真正的社会主义民主的结构是什么？这些都是尚未解决的重大问题，它们构成了今天的马克思主义理论最紧迫的议程。

注释：

[1] 这不是一种虚构的学说。最近有一部著作宣称："马克思主义，作为一种理论和政治实践，从它与历史写作和历史研究的结合中一无所得。历史研究，不仅在科学上而且在政治上都是无价值的。历史的对象，即过去，无论如何被构想，都不能影响当下的状况。历史事件并不存在于当下，也无法在当下产生物质效果。当下社会关系的存在条件必然存在于当下，并不断再生产于当下。马克思主义理论的阐述对象和马克思主义政治实践施加影响的对象，不是过去所赐予我们的可支配的'当下'，而是'当前形势'。马克思主义的全部理论，不管多么抽象，也不管其运用领域多么普遍，其存在是为了使得对于当前形势的分析成为可能……而对'当前形势'进行历史分析则是不可能的。"参见辛德尼斯和赫斯特：《前资本主义生产方式》（B. Hindness and P. Hirst, *Pre-Capitalist Modes of Production*, London 1975, p. 312）。这一声明的作者，系阿尔都塞主义的支系旁流，他们的与众不同之处在于，他们以某种精确的方式宣布了一条逻辑的令人恼怒的后果，这条逻辑的初始前提在历史唯物主义内部理论与实践相统一的马克思主义传统论述中，常又显得是偶然的和无争议的。

[2] 指法兰西第二共和国。——译者注

专有名词英中对照

Adorno, Theodor 阿多尔诺

Albania 阿尔巴尼亚

Algeria 阿尔及利亚

Althusser, Louis 阿尔都塞

Aquinas, Thomas 阿奎那

Archive for the History of Socialism and the Workers' Movement
《社会主义和工人运动史文库》

Aristotle 亚里士多德

Austria 奥地利

Axelrod, Paul 阿克雪里罗德

Bachelard, Gaston 巴什拉

Baran, Paul 巴兰

Baudelaire, Charles 波德莱尔

Bauer, Otto 鲍威尔

Belgium 比利时

Benjamin, Walter 本雅明

Bernstein, Eduard 伯恩施坦

Bismarck, Otto von 俾斯麦

Bogdanov, Alexander 波格丹诺夫

Böhm-Bawerk, Eugen von 庞巴维克

Bolshevism 布尔什维克主义

Brecht, Bertold 布莱希特

Britain 不列颠

Bukharin, Nikolai 布哈林

Bulgaria 保加利亚

Canguilhem, Georges 康吉扬

Cassano, Franco 卡萨诺

Cerroni, Umberto 塞罗尼

China 中国

Colletti, Lucio 科莱蒂

Communist Party of Germany (KPD) 德国共产党

Communist Party of the Soviet Union 苏联共产党

Copernicus, Nicolas 哥白尼

Cornu, Auguste 科尔纽

Cremonini, Leonardo 克雷莫尼尼

Croce, Benedetto 克罗齐

Cuba 古巴

Czechoslovakia 捷克斯洛伐克

De Beauvoir, Simone 德·波伏娃

Deborin, Abram 德波林

Della Volpe, Galvano 德拉·沃尔佩

De Sanctis, Francesco 德·桑克提斯

Descartes, Rene 笛卡尔

Guterman, Norbert 古特曼

Hamerow, Theodore 哈默罗
Hegel, Georg Wilhelm Friedrich 黑格尔
Heidegger, Martin 海德格尔
Hilferding, Rudolf 希法亭
Hindness, Barry 辛德尼斯
Hirst, Paul 赫斯特
Hitler, Adolf 希特勒
Hjelmslev, Louis 叶耳姆斯列夫
Hobbes, Thomas 霍布斯
Holland 荷兰
Horkheimer, Max 霍克海默
Horthy, Miklós 霍尔蒂
Hume, David 休谟
Hungary 匈牙利
Hungarian Communist Party 匈牙利共产党
Husserl, Edmund 胡塞尔

India 印度
Institute of Social Research, *see* Frankfurt School 社会研究所，见法
　兰克福学派
International, First 第一国际
International, Second 第二国际
International, Third 第三国际
International, Fourth 第四国际
Italy 意大利

Italian Communist Party (PCI) 意大利共产党

Italian Socialist Party (PSI) 意大利社会党

Jameson, Frederic 詹姆逊

Japan 日本

Jaspers, Karl 雅思贝尔斯

Jaures, Jean 饶勒斯

Jay, Martin 杰伊

Kalecki, Michal 卡莱斯基

Kant, Immanuel 康德

Kautsky, Karl 考茨基

Keynes, John Maynard 凯恩斯

Kierkegaard, Soren 克尔凯郭尔

Kojeve, Alexandre 科耶夫

Korsch, Karl 科尔施

Koyré, Alexandre 科瓦雷

Labriola, Antonio 拉布里奥拉

Lacan, Jacques 拉康

Lask, Emil 拉斯克

Lefebvre, Henri 列菲弗尔

Left Opposition 左翼反对派

Leibniz, Gottfried Wilhelm 莱布尼茨

Lenin, Vladimir Ilyich 列宁

Leopardi, Giacomo 莱奥帕尔迪

Levi, Paul 莱维

Lincoln, Abraham 林肯

Lukács, Georg 卢卡奇

Luxemburg, Rosa 卢森堡

Mach, Ernst 马赫

Machiavelli, Niccolo 马基雅维利

Mahler, Gustav 马勒

Mallarmé, Stephané 马拉美

Malraux, Andre 马尔罗

Mandel, Ernest 曼德尔

Mann, Thomas 曼

Marcuse, Herbert 马尔库塞

Martov, Julius 马尔托夫

Marx, Karl 马克思

Marx-Engels Institute (Moscow) 马克思恩格斯研究院（莫斯科）

Mehring, Franz 梅林

Merker, Nicolo 默克尔

Merleau-Ponty, Maurice 梅洛-庞蒂

Mondolfo, Rodolfo 蒙多尔福

Montesquieu, Charles de Secondat 孟德斯鸠

Morris, William 莫里斯

Moszkowska, Natalie 莫茨科夫斯卡

Mussolini, Benito 墨索里尼

Napoleon III 拿破仑三世

Nazism 纳粹主义

Nietzsche, Friedrich 尼采

Nizan, Paul 尼让

October Revolution 十月革命

Paris Commune 巴黎公社

Pascal, Blaise 帕斯卡尔

Pasquali, Giorgio 帕斯卡利

Piaget, Jean 皮亚杰

Pietranera, Giulio 皮埃特拉奈拉

Pilsudski, Jozef 毕苏茨基

Plato 柏拉图

Plekhanov, Georgy 普列汉诺夫

Poland 波兰

Polish Communist Party 波兰共产党

Politzer, Henri 波利策

Popular Front 人民阵线

Portugal 葡萄牙

Poulantzas, Nicos 普兰查斯

Preobrazhensky, Evgeni 普列奥布拉任斯基

Procacci, Giuliano 普罗卡齐

Proudhon, Pierre Joseph 蒲鲁东

Racine, Jean 拉辛

Revai, Josef 勒瓦伊

Ricardo, David 李嘉图

Riechers, Christian 利谢尔斯

Rosdolsky, Roman 罗斯多尔斯基

Rossi, Pietro 罗西

Rousseau, Jean-Jacques 卢梭

Rumania 罗马尼亚

Russia 俄国

Russian Social-Democratic Labour Party (RSDLP) 俄国社会民主工党

Ryazanov, David 梁赞诺夫

Sartre, Jean-Paul 萨特

Scandinavia 斯堪的纳维亚

Schelling, Friedrich Wilhelm Joseph 谢林

Schiller, Friedrich 席勒

Schumpeter, Joseph 熊彼特

Scott, Walter 司各特

Sève, Lucien 塞维

Simmel, Georg 齐美尔

Social-Democratic Party of Germany (SPD) 德国社会民主党

Social-Democratic Party of Poland 波兰社会民主党

Solzhenitsyn, Alexander 索尔仁尼琴

Sorel, Georges 索雷尔

Spain 西班牙

Spinoza, Baruch 斯宾诺莎

Sraffa, Piero 斯拉法

Stalin, Joseph Vissarionovich 斯大林

Sternberg, Fritz 斯特恩贝格

Sweezy, Paul 斯威奇

Switzerland 瑞士

译后记

　　2011年初，洛杉矶，译者在与佩里·安德森教授的咖啡闲聊中（部分文字整理稿参见发表在《中国社会科学报》上的访谈《遇见佩里·安德森》），曾谈及他的著述，特别是对于西方马克思主义所作的概述。虽然安德森作为英国马克思主义历史学派的著名代表人物，他关于欧洲如何从前封建社会向封建社会过渡的理论在国际马克思主义史学界的贡献或许更为重要，但对于中文（当然也包括部分西文）语境来说，"西方马克思主义"已然构成所谓"安德森范式"，该范式的主要特点包括：第一，将西方马克思主义的发展史脉络大体勾画为"人本主义"和"科学主义"两大流派，进而明确了卢卡奇派和阿尔都塞派之别；第二，认为西方马克思主义，特别是人本主义一派的"文化转向"（或称哲学转向），是一种"后十月革命式的""回归书房"的"退却"。换言之，相较于第二、第三国际理论家，西方马克思主义已经完全作为一种"理论"，而与无产阶级和共产主义运动的"实践"日渐疏远了。作者大约是要对这种理论与实践之分离倾向表达某种不满的。这样的情绪就包含在本书之中，当然也包括在大约同期的其他著述之中，如《历史唯物主义的轨迹》等。

　　今天看来，首先，"人本-科学"二分法，虽然在某些西方马克思主义那里（比如葛兰西等）表现得并非足够充分，而且更重要的是，后阿尔都塞时代，随着后结构主义、后现代主义的兴起以及第二次世界大战后马克思主义全球发展的国别化倾向日益严重，即便是在盎格鲁-萨克逊世界和欧洲大陆传统中，人本主义和科学主义无不开始相向而行，直至握手，虽谈不上言欢，但也开始日渐发现彼此的好来。我们尤其可以在当代美国马克思主义的辩证法学派，如詹姆逊、莫伊舍、哈维、奥尔曼等人身上找到人本主义和科学主义的融合，而非在科恩等分析学派那里所看到的那种分立。然而，这一切似乎并不能让我们在当下关于国外马克思主义（无论是作为一个学科还是作为一个思潮）的诸多话语中完全跳脱出这种二分法带来的方法论框架和问题式前提。这大约也与人类认识史中关于历史与自然、人与自然，抑或主体与结构的二分原则远未退出学术舞台相关。其次，安德森关于西方马克思主义的学院派转向界定，也影响了大部分中文语境（特别是早期）对于西方马克思主义的"定性"。虽然今天学界更多探讨的是西方马克思主义的议题，特别是那些非常应景的话题，如以生态、女权、工业化、城市化、金融化和消费文化等面向出现的现代性问题、主体问题和理性问题等，但这样的探讨似乎并不能完全摆脱学者们对定性问题的"焦虑"，因为它直接关系到是否"西马非马"的实质性问题。

总之，这些问题依然会纠缠该领域的所有研究者，在中文语境中表现尤甚。正是在这个意义上，重新翻译和出版安德森的这本《西方马克思主义探讨》也显得十分有必要。

值得特别说明的是，本中文译稿的翻译工作，借鉴了先前已有的中文译本。在此，对高铦、文贯中、魏章玲等前辈们的学术努力表达诚挚的敬意。